Stefan Jacobasch
Robert Slawski

Mit dem Rad rund um Braunschweig

Von Kurzausflügen
bis Tagestouren – Radfahren
zwischen Harz und Heide

Dritte, neu bearbeitete und
erweiterte Auflage –

Björn Zelter Verlag

Die Deutsche Bibliothek – CIP-Einheitsaufnahme

Robert Slawski / Stefan Jacobasch:
Mit dem Rad rund um Braunschweig: von
Kurzausflügen bis Tagestouren; Radfahren
zwischen Harz und Heide / Robert Slawski –
ISBN 3-931727-04-1

© 1996, 2004 Björn Zelter Verlag, Braunschweig
Alle Rechte vorbehalten
3., neu bearb. und erw. Auflage 2004
Druck: Igel-Druck, Braunschweig
Umschlagfoto: Andreas Rammelt
Buchgestaltung: Alexandra Geffert
Printed in Germany · ISBN 3-931727-04-1

Papier: Epos 100% chlorfrei gebleicht

Vorwort zur dritten, neu bearbeiteten Auflage

„Mit dem Rad rund um Braunschweig" konnte sich bisher – in der gelungenen Mischung aus praktischer Anleitung und sachkundigem Hintergrund – viele Freunde erwerben. Seit der ersten Auflage 1996 sind mittlerweile acht Jahre vergangen, in denen sich die städtische und ländliche Umgebung Braunschweigs verändert hat. Wenn zunächst nur eine Überprüfung der Fahrtrouten geplant war, so erwies es sich doch bald als sinnvoll, auch die begleitenden Texte zu Landschaft und Geschichte zu überarbeiten.

Diese Aufgabe hat Robert Slawski (Braunschweig) übernommen, der seine Erfahrungen aus Lehrtätigkeit und Publizistik in die vorliegende Neuauflage eingebracht hat. Damit kommen nun in sehr viel stärkerer Weise landeskundliche Betrachtungsrichtungen zur Geltung.

Im Zuge der Neubearbeitung sind sämtliche Strecken in aktualisierter Fassung beschrieben worden, was zugleich eine umfassende Revision der Karten erforderte, die in bewährter Manier von Alexandra Geffert vorgenommen wurde. Als sinnvolle Ergänzung wird jetzt eine Tour durch die Braunschweiger Börde angeboten. Von den Begleittexten sind gut drei Viertel gänzlich neu verfasst worden.

Hingegen wurden die vorangestellten Einführungen und die Beiträge zu Riddagshausen inhaltlich aus der Erstausgabe übernommen; aber auch hier gab es aktuelle Entwicklungen zu notieren. Das bleibende Verdienst des bisherigen Bearbeiters Stefan Jacobasch (nunmehr Berlin) liegt in der grundlegenden Konzeption dieser landschaftsorientierten Fahrradtouren, die über herkömmliche Routenbeschreibungen weit hinausgehen.

Wenn das Buch bisher auf eine breite und positive Resonanz gestoßen ist, so ist ein solcher Erfolg auch der vorliegenden Neuausgabe zu wünschen.

Björn Zelter

Inhaltsverzeichnis

Zum Geleit 6
Vor dem Start 8

1. Braunschweig 10
Rundkurs um den grünen Wallring. Kulturtipps

2. Nördliche Rundfahrt 24
Oker, Schunter, Mittellandkanal

3. Ausflug zum Tankumsee 38
Elbeseitenkanal, Barnbruch und Fallersleben

4. Wolfsburg 48
Nicht nur Autos: Die Reize der VW-Stadt

5. Nordöstliche Rundfahrt 62
Querumer Forst, Staatsforst Lehre, Riddagshausen

6. Riddagshausen 72
Auf den Spuren der Mönche. Kleine Rundfahrt durch
das Europareservat

7. Go East 84
Über den Dorm ins ehemalige Grenzgebiet. Helmstedt

8. Sportlich ins Grüne 100
Radwandern im Elm. Königslutter

9. Der kleine Nachbar im Süden 116
Sehenswertes in Wolfenbüttel. Asse, Ösel, Oderwald

10. Ganztagestour. Pfalz Werla, Goslar 132
An der Oker südwärts bis Schladen, auf Nebenwegen
nach Goslar

11. Mit dem Rad nach Salzgitter und zurück 148
Schacht Konrad, Salzgittersee, Schloss Salder

12. Der Westen 164
Zwischen Zuckerrüben und Eisenerz. Lengede,
Burg Steinbrück

13. Nordwestliche Rundfahrt 178
Bortfeld, Forst Sophiental, Gut Steinhof

Anhang:
Adressen, Hinweise 188
Karten 190
Literatur 191
Nachweise 194

Zum Geleit Das Braunschweiger Land ist keine Landschaft der Extreme. Schroffes Hochgebirge, endlose Ackerebenen oder ein großes Stromtal – alles, was eine vordergründige Sensation oder zumindest eine eindeutige Typisierung verspricht, sucht man hier vergeblich. Mitunter wird die Landschaft um Braunschweig etwas vorschnell als langweilig bezeichnet. Auf den zweiten Blick jedoch wird deutlich, welche Schönheiten die Region zwischen Harz und Heide zu bieten hat.

Es ist eine Region der Übergänge mit einer vielfältigen, abwechslungsreichen Landschaft. Im Norden die Lüneburger Heide, im Westen Börde und Leinebergland, im Osten Hügelland und Harzrandmulde, im Süden der Harz – und mittendrin das Braunschweiger Land, das von all diesem ein mehr oder minder großes Stück besitzt. Den Naturpark Elm-Lappwald kann man dabei als Modellfall nehmen, in dem das Hügelland noch teils gebirgige Züge besitzt, um dann nach Norden in kleineren Geländerücken sanft auszuklingen.

In Gestalt von Kirchen und Klöstern, Burgen und Schlössern haben die Jahrhunderte ihre Zeichen hinterlassen. In Süpplingenburg trifft man auf die Spuren Kaiser Lothars, der in der großartigen Klosterkirche von Königslutter sein Grab gefunden hat; an seinen Enkel Heinrich den Löwen erinnert in Braunschweig der Burgplatz mit dem Löwendenkmal. Der eine prägt die erste Hälfte, der andere die zweite Hälfte des 12. Jahrhunderts. Beiden verdanken wir durch ihre Stiftungen bedeutende Zeugnisse romanischer Architektur. Hansezeit, Absolutismus oder die beginnende Industrialisierung – jede Epoche lässt sich zunächst durch ihre architektonischen Hinterlassenschaften erkennen und fordert dann weitere Fragen heraus. Dies gilt nicht zuletzt auch für die Jahre unter den Nationalsozialisten, wobei deren Städtegründungen Salzgitter und Wolfsburg das Gesicht der Region in ganz wesentlichem Maße umgestaltet haben.

Natur und Geschichte lassen sich mit dem Fahrrad bestens erschließen. Mit dem vorliegenden Band soll gezeigt werden, auf welchen Wegen man unseren Teil Niedersachsens am besten entdecken kann. Zugleich ist beabsichtigt, verschiedene Interessen zu berücksichtigen. Es finden sich Touren für kulturell interessierte Radlerinnen und Radler, die ihre Fahrt mit einem Museumsbesuch verbinden wollen, wir schlagen eine historische Rundfahrt um den grünen Wallring Braunschweigs vor, bieten eher sportlich ausgerichtete Touren in den Elm und nach Goslar an und besuchen die Nachbarstädte Wolfsburg, Salzgitter und Wolfenbüttel. Aber auch für Bade- und Freizeitausflüge hält das Buch Informationen bereit.

In der Gliederung werden zwei Ansätze sichtbar, die sich miteinander verbinden: Zum einen sollen Touren so vorgestellt werden, dass man ihnen sicher und ohne aufwändiges Kartenmaterial folgen kann. Dem Ortskundigen mögen die Streckenbeschreibungen mitunter zu detailliert erscheinen. Aber alle, die die angegebenen Strecken zum ersten Mal fahren, werden die ausführlichen Beschreibungen sicherlich als nützlich empfinden.

Zum anderen möchten wir die Region in ihren unverwechselbaren Eigenheiten vorstellen, indem wir jeweils in gesonderten Kapiteln über Landschaft und Geschichte berichten. Damit wird ein umfassenderes Verstehen durch die vermittelten Hintergründe möglich. Man kann dabei natürlich keine Landschaftskunde im vollständigen Sinne erwarten, aber immerhin doch so viel davon, dass sich die angesprochenen Themen sinnvoll mit den Touren und dem, was es dort zu sehen gibt, verbinden. Wer Lust bekommen hat, sich näher mit den Ausflugszielen zu befassen, findet im Anhang eine Reihe von Literaturhinweisen.

Alle Angaben dieses Buches sind sorgfältig geprüft worden. Sollte sich doch irgendwo ein Fehler eingeschlichen haben, bitten die Autoren und der Verlag alle aufmerksamen Leserinnen und Leser, uns dies mitzuteilen.

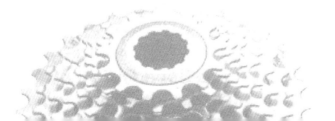

Vor dem Start Ein Auto muss regelmäßig zum TÜV, ein Fahrrad in technisch einwandfreiem Zustand zu erhalten, bleibt (meist) unkontrolliert. Keine Angst, hier folgt keine pedantische Abhandlung zur Straßenverkehrsordnung. Wir sollten uns aber bewusst sein, dass ein technisch sicheres Rad für Ausflüge nicht nur empfehlenswert, sondern absolut nötig ist. Nichts ist ärgerlicher, als mit einem Schaden unvorbereitet auf offener Strecke liegenzubleiben – besonders, wenn man mit Freunden in einer Gruppe unterwegs ist. Vor dem Ausflug sollte man sich daher Speichen, Bremsen und Kette noch einmal genauer ansehen. Kette und Zahnkränze ggf. säubern, die Kettenglieder mit frischem Öl versehen, dann braucht man wesentlich weniger Muskelkraft während der Fahrt.

Mit der eigenen Sicherheit gehen viele Radler leichtsinnig um, dabei sind wir bei Unfällen praktisch ungeschützt. Man muss nicht gleich mit einem schweren Unfall rechnen, aber Stürze mit Hautabschürfungen können schnell passieren. Gerade bei Ausflügen mit Kindern sollte man auf kleinere Verletzungen vorbereitet sein.

Ins Gepäck gehören:

• Luftpumpe, die wichtigsten Schraubenschlüssel und ein Schraubenzieher, dazu Flickzeug oder besser noch ein Ersatzschlauch, der bei einer Panne schnell eingewechselt ist. Pannensprays, die über das Ventil in den kaputten Schlauch gesprüht werden, sind dagegen nicht in allen Fällen ausreichend.

• Pflaster und ein Wunden-Desinfektionsspray, falls wir auf schlechter Strecke fallen und uns verletzen; besser ist eine Erste-Hilfe-Tasche, vergleichbar dem Verbandskasten für PKW. Patente Ausführungen gibt's im Fahrrad-Fachhandel.

• Kartenmaterial, zumindest auf langen Strecken. Die Streckenbeschreibungen in diesem Buch sind so detailliert verfasst, dass man ohne weitere Karte ans Ziel kommen kann. Die Routen-Empfehlungen umfassen allerdings immer nur eine mögliche Strecke unter vielen.

Braunschweigs Umgebung ist mit einem Netz guter Radwege versehen, welches breiten Raum für Varianten, Abstecher und Abkürzungen lässt. Wer regelmäßig Ausflüge unternimmt, sollte hin und wieder nach neuen Karten Ausschau halten (dazu auch im Anhang „Karten"). Kartenmaterial verliert nach einigen Jahren seinen Wert, andererseits kann man auch mit neuesten Plänen Überraschungen erleben, wenn ein Weg im Nichts endet, der laut Zeichnung eigentlich eine wichtige Verbindung herstellt ...

Für alle Touren gilt, die eigenen Kräfte nicht zu überschätzen und besonders am Anfang eher kurze Strecken zu wählen. Wir müssen keine Geschwindigkeitsrekorde aufstellen. Wenn Sie das Radfahren professionell betreiben wollen, ist ein Sportverein die richtige Adresse, in Braunschweig beispielsweise der „RV Panther". Aber auch bei der kleinen Ausflugsfahrt haben sich Kilometerzähler bewährt, die es schon ab etwa 15 Euro im Handel gibt: man kann damit feststellen, was beim angenehmen Radeln an Strecke und Zeit herauskommt. Die nächste längere Tour wird dann so geplant, dass diese in der eigenen Durchschnittsgeschwindigkeit bequem zu bewältigen ist, und noch einmal etwas Zeit obendrauf, für alle Arten von unvorhergesehenen Ereignissen. Denn das Allerwichtigste ist: Lassen Sie sich Zeit – Fahrradfahren in der Freizeit soll Entspannung und Erholung mit sich bringen.

Noch ein Wort zum Thema Landschaft: Wald und Wiesen sind nicht dazu da, querfeldein durchpflügt zu werden. Die Natur ist durch Besucher bereits genug belastet, wir sollten als Radfahrer deshalb auf Straßen und Wegen bleiben – auch außerhalb von Naturschutzgebieten! Rücksichtnahme ist ebenso gegenüber den Wanderern und Spaziergängern geboten, die sich ihre Wege mit den Radlern teilen.

Braunschweig – Rundkurs um den grünen Wallring

Eine Rundfahrt von etwa 7 km Länge

1

Die Braunschweiger Innenstadt ist von einem grünen Gürtel umgeben: eine Abfolge von unterschiedlichen Parkanlagen, platzartigen Aufweitungen und ruhigen Alleen, ideal für eine Tour rund um den Stadtkern. Die historische Voraussetzung liegt in den mittelalterlichen Mauergräben, die als Ableitungen aus dem Okerfluss die Stadt westlich und östlich einfassten und später mit Wällen und einem weiteren Grabensystem ergänzt wurden. Die Straßennamen, wie Petritorwall, Wendentorwall oder Magnitorwall, erinnern noch heute daran. In diesem Grenzbereich zwischen der alten Stadt „innerhalb der Umflut" und ihren Erweiterungen seit dem frühen 19. Jahrhundert ergeben sich vielfältige Beobachtungen zu Historie und Gegenwart.

Die Strecke Der Startpunkt für diese Tour liegt auf dem Friedrich-Wilhelm-Platz am südlichen Rande der Innenstadt. Dieser Platz bildete mit dem Empfangsgebäude des Bahnhofes, der Platzgestaltung und den beiden in die innere Stadt führenden Straßenzügen für ungefähr ein Jahrhundert das repräsentative Eingangstor nach Braunschweig. Am Bahnhofsgebäude entdecken wir ein „Stadttor" als architektonisches Motiv (Entwurf: Carl Theodor Ottmer, 1843–45, heute Verwaltung der Nord/LB). Mit der Eröffnung des neuen Durchgangsbahnhofs 1960, einen Kilometer vom alten Stadtkern entfernt, endete diese Epoche, die ihrerseits nur einen kleinen Teil der Entwicklungsgeschichte in diesem vorstädtischen Areal ausmacht.

Die Grabenführung vor dem Alten Bahnhof ist weit älter und geht auf die mittelalterlichen Verteidigungsanlagen zurück. Anstelle der zuletzt vorhandenen Bastionärbefestigung finden wir heute die „Wallstraßen", von denen wir den Kalenwall in westliche Richtung nehmen (mit Blickrichtung Alter Bahnhof nach rechts). Am Gieseler wechseln wir auf die andere Straßenseite und treffen dort auf einen Rest der Stadtmauer, deren Fundamente mit einiger Wahrscheinlichkeit bis in das 12. Jahrhundert zurückreichen. Wenige Schritte weiter – Gegenrichtung, nicht fahren – gelangen wir nach links in den Prinzenweg, der uns die engständige Bebauung der alten Stadt vorführt. Dann folgt die Brücke über den schmalen Mauergraben (12. Jahrhundert), ein kleines Stück weiter der Wilhelmitorwall, den wir gleich nach rechts hinunterradeln werden. Aber vorher noch 100 Meter geradewegs, um an dieser Stelle die Tiefenstaffelung des einstigen Verteidigungssystems kennenzulernen: Ferdinandstraße, dann die Brücke über den breiten Umflutgraben (ab 14. Jahrhundert).

Prinzenweg, Brücke über den Mauergraben

Der Wilhelmitorwall bringt uns zur Sonnenstraße, genauer: zum rondellartigen Platz „Am Hohen Tore". Darüber hinweg geht es auf dem zunächst parkähnlichen Hohetorwall weiter, es folgt bis zur Celler Straße der Petritorwall. Gerade an dieser Stelle hat die moderne Verkehrsführung eine schwere Lücke in die kunstvolle Raumbildung gerissen. Der längsrechteckige Platz, der einst zur Verschwenkung der stadteinwärts gerichteten Wege führte, ist nur noch andeutungsweise zu erkennen. Jenseits der Celler Straße, heute durchgängig in Richtung Innenstadt, finden wir eine etwas kurios anmutende patriotische Erinnerungsstätte.

Weiter geht es auf dem gewundenen Inselwall mit seinen alten Platanen. Die einstige Höhe der Wälle lässt sich in diesem Abschnitt ganz gut ermessen: einerseits durch die Höhendifferenz zur Neustadtmühle und zum Wollmarkt, die eine längere Treppe erfordert, andererseits durch den Abhang zum Bammelsburger Teich hinunter, hinter dem „Löbbeckes Insel" aufragt. Sie ist benannt nach dem Bankier Alfred Löbbecke, der sich hier 1880/81 ein repräsentatives Wohnhaus errichten ließ (Architekt: Constantin Uhde). Das Gebäude dient jetzt als Gästehaus der Technischen Universität. Der östlich anschließende Park geht in seinen ältesten Teilen bis in die ersten Jahre des 19. Jahrhunderts zurück, damals nach seinem Besitzer „Bierbaums Garten" genannt. Die Stelle des im Krieg zerstörten, äußerst großzügigen Wohnhauses von 1805 markiert heute die Fontäne des Inselwallparks. Gedenktafeln erinnern an die Schriftstellerin Ricarda Huch, die hier 1864 geboren wurde.

Das letzte Straßenstück des Inselwalles zielt auf den Gaußberg, wobei der Namensgeber direkt voraus in Überlebensgröße vor uns steht. Der Mathematiker und Astronom Karl Friedrich Gauß hat sein Denkmal gewiss verdient, besonders in Braunschweig, seiner Geburtsstadt (*1777, †1855). Die Spendensammlung war für den 100. Geburtstag ausgerufen worden, die Aufstellung des Standbildes erfolgte aber erst 1880 – und gab dem Hügel zugleich einen neuen Namen. Vorher hieß er Anatomieberg, denn nahebei befand sich ehemals das mit einem schauerlichen Ruf versehene anatomische Institut.

Villa Löbbecke (Gästehaus der Technischen Universität)

Das Maschwehr

Vor der Niederlegung der Befestigungsanlagen lag dort, wo sich jetzt der kleine Berg erhebt, das Rudolfsbollwerk, das als nördlichste Bastion die Aufgabe hatte, die Vereinigung der Wasserläufe durch die innere Stadt und deren Einlauf in den östlichen Umflutgraben zu sichern. Die Vereinigung der beiden äußeren Gräben liegt nicht sehr weit westlich, hinter dem Inselwallpark. Die Gestaltung des Promenadenringes um die Stadt stellte zwar eine bau- und gartenkünstlerische Aufgabe ersten Ranges dar, sie beruhte aber – allein schon was die Versetzung der Erdmassen anging – auf einer ingenieursmäßigen Vorarbeit.

Nach rechts verläuft vor dem Gaußberg die Schubertstraße, die zur Wendenstraße führt. Entweder man nimmt diesen Weg oder umrundet fahrradschiebend den Hügel auf der anderen Seite (Einbahnstraße), wenn man nicht gleich den Weg querdrüber wählt. Jenseits gelangt man zu den Torhäusern, die die Brücke „Am Wendentor" flankieren. Wir sind nun bei den ersten kleinen Perlen der architektonischen Wallringgestaltung angelangt; ähnliche Pärchen von Torhäusern finden sich heute noch an der Fallersleber und an der Helmstedter Straße. In ihnen variiert der Schöpfer des Gesamtsystems, Peter Joseph Krahe, das Motiv eines kleinen griechischen Tempels, wobei er das zur Verfügung stehende Stilrepertoire stets in anderer Weise zu einer geschlossenen Form zusammenfasst. Diese beiden Torhäuser wurden 1818–20 errichtet. Von ihrer Funktion her müsste man sie als Polizeiposten bezeichnen; in ihrer Entstehungszeit konnte die Stadt noch mit Gittertoren für den Fahrverkehr gesperrt werden.

Wir wechseln die Straßenseite, notfalls auf dem nächsten gesicherten Überweg, und nehmen nun die auswärts gelegene Seite der Okerumflut. Hier führt ein Weg am Ufer entlang; dahinter liegen die Universitätsbauten, die man als eine kleine Mustersammlung der Architekturgeschichte betrachten kann. Sie beginnt an der Brücke mit einem Beton-Glas-Turm (1976, unvollendet), dann das alte Hochhaus (1956), verbunden mit dem ehrwürdigen Hauptgebäude (1877), dem wiederum die Bauten am Forum vorgelagert sind (ab 1958). Dort wenden wir uns rechts über die Holzbrücke in den Fallersleber-Tor-Wall.

Am Wendenwehr

Botanischer Garten

Botanischer Garten, Viktoria-Haus

An der nächsten Ecke biegen wir links ab und fahren am Gebäude der AOK vorbei zum Botanischen Garten. Die Krankenkasse ließ das Gebäude ab 1929 errichten. Der Architekt Karl Mühlenpfordt, der als Professor und zeitweilig als Rektor an der Hochschule wirkte, verhinderte 1932 den Plan des Innenministers Klagges (NSDAP), Hitler per Professur in Braunschweig einzubürgern – was er schließlich mit seiner Entlassung bezahlte. Die SA nutzte das Haus ab März 1933 als Folterstätte für politische Gegner; später waren hier militärische Dienststellen untergebracht.

Über die Brücke geht es zum **Botanischen Garten**. Von den Gewächshäusern ist derzeit nur ein kleiner Teil zugänglich, aber es bleiben ja die gepflegten Außenanlagen, die malerisch am Flussufer liegen. Sie lohnen stets einen Besuch. Südlich der Brücke, im dortigen **Torhäuschen**, unterhält der Bund bildender Künstlerinnen und Künstler (BBK), Bezirksgruppe Braunschweig, sein Büro und eine kleine Galerie. Zum Programm gehören wechselnde Ausstellungen und der beliebte „Kunstmarkt".

Vom Fallersleber Tor aus verläuft ein schöner Weg an der Okerumflut entlang durch Theaterpark und Museumpark nach Süden. Was wir dabei allerdings auslassen ist das Staatstheater, dessen 1861 eingeweihtes Hauptgebäude den ersten großen Eingriff in den Promenadenring darstellte. Aber immerhin in überlegter Konzeption als oberer Abschluss des Steinweges, wenig später eingebunden in die

▶ Botanischer Garten
Humboldtstraße 1
38106 Braunschweig
Tel. (05 31) 391 - 58 63
Außenanlagen
Mo–So: 8–18 Uhr
(Wintermonate verkürzt)
Sukkulentenhaus
Di–Do: 13–16.30 Uhr
(im Winter geschlossen)

▶ BBK, Torhaus-Galerie
Humboldtstraße 34
38106 Braunschweig
Tel. (05 31) 34 61 66
Di–Fr: 15–18 Uhr
So: 11–17 Uhr

Torhaus an der Humboldtstraße

Torhaus an der Helmstedter Straße

▶ Museum für Photographie
Helmstedter Straße 1
38102 Braunschweig
Tel. (05 31) 7 50 00
Di–Fr: 13–18 Uhr
Sa, So: 14–18 Uhr

▶ Herzog Anton
Ulrich-Museum
Museumstraße 1
38100 Braunschweig
Tel. (05 31) 12 25 - 0
Hauptsammlung
Di–So: 10–17 Uhr
Mi: bis 20 Uhr
Kupferstichkabinett
z.Z. nur nach
Voranmeldung
Mittelalter-Sammlung
in der Burg
Dankwarderode
Di: 10–17 Uhr
Mi: 13–20 Uhr
Do–So: 10–17 Uhr

Erschließung des östlichen Ringgebietes über die Jasperallee, damals Kaiser-Wilhelm-Straße. Unter deren Straßenbrücke fahren wir jetzt hindurch, weiter am unteren Rand der Parkanlage entlang und erreichen die Museumstraße.

Ostwärts hinter der Brücke ist eine weitere kulturelle Einrichtung in einem Torhaus untergebracht. Das **Museum für Photographie** konnte sich 1987 hier einrichten; seit kurzer Zeit steht auch das zweite Häuschen gegenüber zur Verfügung. Der Trägerverein aus Fotografen und Fotofreunden ist um ambitionierte Ausstellungen bemüht, die die Entwicklungsgeschichte dieses vergleichsweise jungen Mediums beleuchten.

Der größere Nachbar im Westen, der zur Benennung der Museumstraße führte, ist das **Herzog Anton Ulrich - Museum**, das man in überregionaler Sicht uneingeschränkt als Braunschweigs bedeutendstes Museum bezeichnen kann. Die Hauptwerke gehören zu den Klassikern der niederländischen Malerei, ergänzt durch italienische, französische und deutsche Künstler des 16. bis 18. Jahrhunderts. Daneben besitzt das Museum einen großen Bestand an Zeichnungen und Druckgrafik. Die Anfänge des öffentlichen Museums gehen auf das von Herzog Karl I. 1754 eingerichtete Kunst- und Naturalienkabinett zurück, dem es seine Bestände an Münzen, Skulpturen und Kunsthandwerk verdankt (die „Naturalien" gehören heute zum Naturhistorischen Museum Braunschweig). Namengebend wurde aber schließlich Herzog Anton Ulrich (*1633, †1714), dessen „private" Gemäldesammlung aus dem Schloss Salzdahlum nach und nach in das Museum gelangte.

Seltsam: Nicht wenige Braunschweiger besuchen als Touristen die großen Museen dieser Welt, um Werke von Rembrandt, Rubens oder Vermeer kennenzulernen, ohne zu wissen, dass eine solche Art von Bildung oder von Genuss auch auf ganz kurzem Wege zu erreichen ist.

Über den Steintorwall erreicht man das **Städtische Museum**, das sich der lokalen Kunst- und Kulturgeschichte widmet, zudem als Veranstaltungsforum dient. Hier am nördlichen Löwenwall findet man geradezu das kulturelle Gedächtnis der Stadt – Archiv und wissenschaftliche **Stadtbibliothek** sind in unmittelbarer Nachbarschaft untergebracht. Zu erwähnen ist dabei noch, dass eine Dauerausstellung zur Stadtgeschichte, untergebracht im Altstadtrathaus, das Angebot ergänzt. Formal gehört diese als Abteilung zum Städtischen Museum, kann jedoch zur Zeit nur durch das ehrenamtliche Engagement eines Bürgervereins geöffnet bleiben. Im Zusammenhang mit unserer Wallrundfahrt kommt dem im Altstadtrathaus präsentierten Stadtmodell eine besondere Rolle zu.

Städtisches Museum, Stadtbibliothek

▶ Städtisches Museum
Am Löwenwall
38100 Braunschweig
Tel. (05 31) 470 - 45 05
Di–So: 10–17 Uhr
Ausstellung im Altstadtrathaus
Di–Fr: 10-13, 14–17 Uhr
So: 10–13, 14–17 Uhr

▶ Stadtbibliothek Braunschweig – Wissenschaftliche Bibliothek
Steintorwall 15
38100 Braunschweig
Tel. (05 31) 470 - 46 01
Mo, Di: 9–18 Uhr
Mi: 9–13 Uhr
Do, Fr: 9–18 Uhr

Der Löwenwall, früher Monumentplatz genannt, gilt als das Kernstück der Promenaden, die auf den umgestalteten Verteidigungswällen entstanden. Die klassizistische Anlage nimmt das Vorbild der antiken Kampfbahn auf. Krahe, der geniale Schöpfer des Promenadenringes mit seinen wechselnden Platzgestaltungen, hat hier eine Sichtachse konstruiert, die über den Steintorwall auf den Obelisken zielt. Dieser erinnert seit 1823 an die beiden Braunschweiger Herzöge, die in den Kriegen gegen Napoleon ihr Leben gelassen haben. Eine Spendensammlung – noch im Nachklang nationaler Begeisterung – erbrachte sehr schnell die benötigte Summe. Als rund 50 Jahre später für die beiden monumentalen Reiterstandbilder gesammelt wurde, fiel das Resultat doch ziemlich dürftig aus (die Reiter waren für den Schlossvorplatz am Bohlweg konzipiert, seit 1973 am südlichen Löwenwall).

Über Treppen mit Fahrradbahn geht es vom Löwenwall zur Kurt-Schumacher-Straße hinunter. Als Hinweis eingefügt: Gegenüber, an der

Villa Gerloff am Löwenwall

▶ Kunstverein
Braunschweig e.V.
Haus Salve Hospes
Lessingplatz 12
38100 Braunschweig
Tel. (05 31) 4 95 56
Di–So: 11–17 Uhr
Führungen
So: 14.30 Uhr
und nach Vereinbarung

Straßenbrücke, liegt Enslens Bootsverleih; Entdeckungstouren auf dem Wasserwege empfohlen. Wir fahren nach rechts, überqueren geradewegs den John-F.-Kennedy-Platz, behalten die Richtung und können mit der Villa Salve Hospes („Gegrüßt sei der Gast") die Museums-Meile abschließen. Das Anwesen, seit 1927 in städtischem Besitz, wird vom **Kunstverein** genutzt, der vor allem aktuelle Kunstströmungen vorführen will. In wechselnden Ausstellungen werden Werke deutscher und internationaler KünstlerInnen gezeigt. Die Baugruppe selbst ist 1805–08 für den Kaufmann Diedrich Wilhelm Krause errichtet worden und verkörpert einen feinsinnigen Klassizismus (P. J. Krahe). Damit war der glanzvolle Auftakt für die großbürgerliche Villenarchitektur des 19. Jahrhunderts gesetzt, die auch heute noch auf weiten Strecken dem Wallring sein Gepräge verleiht. Übrigens: Der rückwärtige Park war so großzügig angelegt, dass er später in seinem südlichen Teil für Liegewiesen und Schwimmbecken des Stadtbades genutzt werden konnte.

Der nächste Wallabschnitt wird heute als Lessingplatz bezeichnet. Über längere Zeit hinweg war damit nur der kleine, im Norden angeschlossene Platz mit dem Denkmal Lessings gemeint. Der Schriftsteller und Dichter, als Bibliothekar in Wolfenbüttel verpflichtet (siehe dazu Seite 129), besaß am nahen Aegidienmarkt eine kleine Zweitwohnung. Bei einem seiner Braunschweig-Besuche, die ihm immer wieder Zerstreuung und anregendes Gespräch geboten hatten, ereilte ihn der Tod; folglich wurde er auch hier beerdigt (Magnifriedhof, An der Stadthalle). Die größere langgestreckte Grünfläche, durch welche heute die Straßenbahngleise verlaufen, bildete zwischenzeitlich den eigenständigen „Siegesplatz", auf dem 1881 ein pompöses Kriegerdenkmal aufgestellt wurde. Jenes verwandelte man im Zweiten

Löwenwall, Obelisk

Bürgerpark, am Portikus-Teich

Weltkrieg in Roh-Metall zurück, seit 1950 heißt das gesamte Areal endgültig nur noch Lessingplatz.

Am Eingang zum Bürgerpark endet unsere Fahrt (Nîmesstraße). Historisch betrachtet handelt es sich bei dem vorderen Teil um den einst eigenständigen „Bahnhofspark". Durch die Straßenführung ist die ursprüngliche Parkfläche um einiges beschnitten worden. Links der Nîmesstraße das bereits erwähnte Stadtbad (modernistisch: „BürgerBadePark"), an deren Ende das ehemalige Wasserwerk, das nach Umbau drei Jahrzehnte lang als Freizeit- und Bildungszentrum diente (weitere Verwendung ungewiss). Rund 500 Meter südlich, im Bürgerpark, teilt sich die Oker seit alters her in zwei Seitenarme. Auf den Radwegen, die von der Parkseite her unter der neuen Straßenbrücke hindurch führen, gelangen wir wieder zum Ausgangspunkt der Tour zurück.

Bürgerpark, Szenerie mit Portikus

Die Reiterdenkmäler am südlichen Löwenwall

Geschichte

Es ist natürlich nicht möglich, in diesem Rahmen die reiche Geschichte Braunschweigs gänzlich auszubreiten. Wenn wir eine Tour über den Wallring anbieten, muss aber zumindest die Entwicklungsgeschichte dieses Stadtbereiches in ihren Umrissen nachgezeichnet werden. Dabei fasst man die Stadt von ihrem historischen Rand her auf: Die ältere Mauerlinie, später verstärkt durch die vorgelagerten Wälle, hatte fast 600 Jahre als Stadtgrenze Bestand.

Die Anfänge Braunschweigs entwickelten sich noch nicht im Schutze einer Mauer. Nach umfassenden archäologischen Untersuchungen lässt sich jetzt für die Zeit um das Jahr 1000 n. Chr. ein mehrteiliges Siedlungsgebilde erkennen, zu dem eine dörfliche Siedlung am heutigen Kohlmarkt, ein Handelsplatz („Wiek") nahe der Magnikirche und der Grafensitz der Brunonen im Bereich des Burgplatzes gehörten. Von diesem aus konnte die Furt über die Oker kontrolliert werden.

Es ist nicht ganz leicht, das ältere Siedlungsgefüge zu verstehen, denn vom Okerfluss ist heute in der inneren Stadt nichts mehr zu sehen. Wollte man die einstige Lebensader Braunschweigs sichtbar machen, würde sich der Straßenzug der Münzstraße in einen „Canale Grande" verwandeln. Man müsste dort von Auto, Bus oder Fahrrad auf Gondeln umsteigen, für die Fußgänger wären Brücken anzulegen, wie sie vor 150 Jahren ja tatsächlich noch bestanden haben.

Die Entwicklung zur Stadt vollzog sich im Laufe des 12. Jahrhunderts, gefördert durch Kaiser Lothar von Süpplingenburg und vor allem durch seinen Enkel Heinrich den Löwen. Der Chronist Albert von Stade vermerkt zum Jahr 1166: „Herzog Heinrich ... errichtete das Bildnis eines Löwen und umgab die Stadt (Braunschweig) mit Graben und Wall". Das Löwenmonument ist bekanntlich heute noch vorhanden. Was mit „Wall" gemeint ist, bleibt etwas undeutlich. Wir dürfen aber annehmen, dass es sich dabei in Wirklichkeit um eine Mauer gehandelt hat, wobei die erhaltenen Reste an Prinzenweg und Echternstraße mit ziemlicher Sicherheit auf diese Anlage zurückgehen.

Stadtmauer am Prinzenweg

Theaterpark, Brücke Jasperallee

Östlicher Umflutgraben

Wenn die Mauer zunächst die besonders geförderte Altstadt umschloss, bald wohl auch den neu gegründeten Hagen (Hagenmarkt), so wurden wenig später auch die Neustadt (um St. Andreas), die Alte Wiek (um St. Magni) und das Aegidienkloster einbezogen. Damit war, spätestens um 1220, das Stadtgebiet abgesteckt. Mit dem spätmittelalterlichen Aufstieg wuchs die Unabhängigkeit von den welfischen Fürsten. Der Reichtum der Stadt beruhte auf dem spezialisierten Gewerbe und auf den weitgespannten Handelsbeziehungen. Braunschweig gehörte zu den Gründungsmitgliedern der Städtehanse und besaß neben Lübeck, Köln und Magdeburg in diesem Bündnis eine führende Rolle.

Bereits um das Jahr 1400 war die Ergänzung des Befestigungssystems in Gang. Der älteren Linie aus Mauer und Graben wurde ein hoher Erdwall und ein zweiter breiterer Grabenlauf vorgelagert, in dem wir die Grundlinien der heutigen „Umflut" erkennen können. Die Bewährungsprobe, der Kampf um die Stadtfreiheit, sollte bald folgen. Immerhin konnte Braunschweig die städtische Autonomie bis 1671 aufrecht erhalten, wobei von 1492 an fünf schwere Belagerungen zu überstehen waren.

Der sechste Versuch fiel zusammen mit dem Niedergang der Hanse, die keinen Beistand mehr leisten konnte. Einer mehrwöchigen Belagerung durch welfische Truppen musste sich die Stadt am 12. Juni 1671 beugen. Die städtische Selbstverwaltung war dahin; Herzog Rudolf August lässt die Kassen beschlagnahmen, die Bürger entwaffnen und quartiert über 3000 Soldaten in Braunschweig ein – auch finanziell eine arge Belastung.

Auf herzoglichen Befehl wird 1692 ein umfassender Ausbau des Verteidigungsringes begonnen, der sich in 300 Metern Breite und in sechs Kilometern Länge um die Stadt legen sollte. Nach dem Vorbild französischer Festungen besaß der Grundriss vorspringende Bastionen und in den Grabenverlauf eingebettete „Inseln", sogenannte Ravelins. Die Höhe der Stein- und Erdwerke betrug meist 6–8 Meter. Abgeschlossen wurden die Arbeiten erst um das Jahr 1740. Die damalige Grabenführung prägt bis heute den gewundenen Verlauf der beiden Oker-Umflutgräben.

Letztlich musste man aber im Siebenjährigen Krieg (1756–63) feststellen, dass das aufwändige Werk nutzlos geworden war. Gegen eine erste Besetzung half es nicht, und als die französischen Truppen zum zweiten Mal vor der Stadt standen, drohten diese, die Wohngebäude mit glühenden Kugeln – über die Wälle hinweg – in Brand zu schießen. Die nachfolgende Friedenszeit brachte einige zweifelhafte Versuche, auf den Wällen eine Plantagenwirtschaft zu betreiben. Deren Erfolglosigkeit vor Augen, setzte Hz. Karl Wilhelm Ferdinand 1801 eine „Wall-Demolierungs-Kommission" ein. 1803 wurde der Baumeister Peter Joseph Krahe nach Braunschweig berufen und mit der Leitung der Arbeiten betraut, was sich dann als großer Glücksfall erwiesen hat. Weite Teile der von ihm geplanten Promenaden, die der Erbauung und Erholung der Bürger dienen sollten, sind erhalten geblieben.

Blickt man im Vergleich auf die anderen größeren Städte Deutschlands, so war man dort in genau der gleichen Weise um die Fortifikation bemüht gewesen und stand in jener Zeit ebenfalls vor der Frage, was mit dieser „Panzerung" rund um die Siedlung geschehen solle. Braunschweig bietet ein sehr frühes und zugleich anspruchsvolles Beispiel für eine vielgestaltige Parklandschaft. In anderen Städten findet man heute breite Ringstraßen im Bereich der einstigen Wallanlagen vor. Wo noch größere Reste der alten Befestigung vorhanden sind, hatte man weder zu dem einen noch zu dem anderen die finanzielle Kraft.

Wenn wir heute in Braunschweig die durch den Grüngürtel und die Umflutgräben eingefasste Innenstadt nur als einen kleinen Teil der Gesamtstadt wahrnehmen, so ist dies eine Folge der Industrialisierung, die seit dem 19. Jahrhundert eine geradezu ungeheure Ausdehnung der Siedlungsfläche bewirkt hat. Als Lessing 1781 in seiner Wohnung am Aegidienmarkt starb, beerdigte man ihn auf einem der Außenfriedhöfe, auf dem Gottesacker von St. Magni, einen halben Kilometer vor der Stadt. Heute findet man diesen Magnifriedhof neben Häuserzeilen aus der Zeit um 1900, nahe der modernen Stadthalle. Bis zur Grenze der geschlossenen städtischen Bebauung sind jetzt noch zwei weitere Kilometer zurückzulegen.

Hängebrücke Rosental

Brücke Leonhardstraße, Stadterweiterung um 1900

Im östlichen Ring

Nördliche Rundfahrt: Oker, Schunter, Mittellandkanal

Tourlänge ca. 31 km,
Variante Baggersee ca. 35 km

2

Auf unserer Tour nach Norden folgen wir der Oker und erleben eine durch Flussmäander, Dünen und Talsandterrassen geprägte Landschaft. Bei Walle ist die Mündung der Schunter erreicht; diesem Fluss begegnen wir später bei Wenden wieder. Die sandigen Böden im Norden Braunschweigs sind bekannt für ihren Spargel – ein Ruf, der geblieben ist, obwohl Teile der einst landwirtschaftlichen Flächen in Gewerbe- und Industriegebiete umgewandelt worden sind. Das Eickhorster Holz zeigt uns einen typischen Eichen-Hainbuchen-Bestand. Auf der Rückfahrt können wir am Kiessee von Bienrode die insgesamt unbeschwerliche Rundfahrt mit einem Picknick abschließen.

Die Strecke Ausgangspunkt der Tour ist die Okerbrücke zwischen Neustadt- und Wendenring. Tatsächlich kann man hier bereits von der Oker sprechen, denn die Vereinigung der beiden Umflutgräben liegt ein kurzes Stück flussauf. Zwischen Sperrgittern hindurch gelangt man auf die Feuerwehrstraße, auf der es am Fluss entlang nach Norden geht. Unter der Tangentenbrücke hindurch, dann durch die Kleinsiedlung Uferstraße erreicht man geradewegs den östlichen Rand des Ölper Sees. Der Weg links um den See ist bei hohem Okerpegel nicht passierbar, dort befindet sich der Einlauf in das Seebecken, das zur Regulierung von Hochwasser dient. Wendet man sich nach rechts, schlängelt sich der Weg zwischen dem See und der Siedlung Schwarzer Berg hindurch. Wir folgen dem Rand der Siedlung und gelangen schließlich wieder an eine Okerschleife.

Von hier sind es 200 Meter nordwärts bis zur alten Bahnlinie nach Celle. Aber genau dort existiert ein kleines Problem. Wer einige Treppenstufen nicht scheut, nimmt den Weg nach links und gelangt unter der Bahn hindurch, die anderen folgen der Bahnlinie nach rechts, wo in 300 Meter Entfernung ein Überweg vorhanden ist. Von dort zunächst gerade weiter, hinter den Kleingärten nach links hinunter, wo man die Treppensportler wiedertrifft. Neben der Oker verläuft ein Weg unter der A 391 hindurch.

Jenseits geht es nach rechts am Autobahndamm entlang und dann nach links hinüber zum Sträßchen Münzberg. Vor dem Umspannwerk verläuft die Landstraße nach Veltenhof, das nach links hinüber liegt, unser nächstes Ziel. Vorher noch ein kleiner Abstecher? Dann am Münzberg zunächst geradeaus auf das Schild „Landschaftsschutzgebiet" zu. Dem Eichenhain folgend steht man bald an einem eindrucksvollen Steilhang über der Oker.

Auf der Pfälzerstraße, die an die Kolonisten des 18. Jahrhunderts erinnert, geht es durch den ziemlich langgestreckten Ort Veltenhof. Dann nach links ein Wegweiser zur Mühlenkirche, und diesen Abstecher sollte man auf keinen Fall auslassen (am Abzweig übrigens eine Tafel mit historischen Informationen zur Ortsentwicklung). Die ehemalige Mühle liegt auf einer hohen Sanddüne, daneben das obligate Spargelfeld.

Im weiteren Verlauf zweigt von der Pfälzerstraße der Waller Weg nach Westen ab. Dieser wird zur Leitlinie der folgenden Fahrtetappe, d.h. für die nächsten 3 Kilometer. Wir halten uns dabei stets in Sichtentfernung zur Oker-Aue (nach links) und am Rande des Industriegebietes Hafen (rechts). Nach der Hälfte der Wegstrecke geht es über den Mittellandkanal, danach weiter über die Talsandterrasse, der hier einige hübsche Dünen aufsitzen. Schließlich gelangen Schilfbestände der Aue in den Blick und der Weg verschwenkt nach rechts. 200 Meter weiter eine Feldweg-Kreuzung. Wir müssen hier geradeaus auf der geteerten Straße über die Autobahn A 2. Für Naturfreunde sei erwähnt, dass nach links der sogenannte Fettwinkel zu erreichen ist, wo mehrere abgeschnürte Okerschlingen (Mäander) zu sehen sind.

Also über die A 2 hinweg und auch über die Landstraße Braunschweig – Walle. Wir wollen uns nun den nächsten Fluss anschauen, die Schunter, und durchqueren dabei ein sehr urtümlich wirkendes Gebiet, in dem wir auch stellenweise wieder Dünenkuppen ausmachen können. Den Feldweg jenseits der Straße 150 m geradeaus, dann links abbiegen. An einem Wäldchen vorbei gelangen wir bis an die Schunter, wo der Weg nach links verschwenkt und wieder nach Walle hinüberführt.

In Walle auf der „Hafenstraße" bis zur Hauptkreuzung. Die Vorfahrt geht nach rechts (Groß Schwülper, Lagesbüttel, Meine), hier jedoch gerade weiter in das Dorf hinein. Wir haben nun alten historischen Boden erreicht, denn wo heute Bauernhäuser zu finden sind, befand sich einst eine bedeutende Burg. Durch den Ortskern, der auf einer Sandkuppe im Mündungswinkel zwischen Schunter und Oker liegt, geht eine Ringstraße, der wir nach rechts folgen („Im Dorfe"). Beim „Halseberg" haben wir die Möglichkeit nach rechts auf einer Fußgängerbrücke die Schunter zu queren. Wer jetzt den Wiesenweg am Flussufer

Kleine Schunterbrücke bei Walle

nimmt, gelangt zur Schuntermündung. Sonst weiter nach Groß Schwülper, dort links; später den „Beekkamp" nach rechts und wieder rechts in den „Bornheider Weg", der uns durch die Feldmark nach Lagesbüttel bringt.

In Lagesbüttel behalten wir immer die gerade Richtung bei und landen an der „Harxbütteler Straße". Diese kurz nach rechts und dann, auf der Höhe des „Waller Lehmweges", nach links. Voraus ist bald das Klosterholz zu sehen, in das wir geradewegs hineinfahren. Da wir möglichst viel Wald sehen wollen, nehmen wir nach 300 Metern den Abzweig links; dieser Weg biegt nach weiteren 300 Metern nach rechts um. Wenn es dann nicht mehr gerade weitergeht, wenden wir uns nach links.

Den Wald lassen wir jetzt hinter uns und treffen gleich auf die Landstraße Lagesbüttel – Eickhorst, die wir nach rechts hinunterradeln. In Eickhorst folgen wir der nach links abknickenden Dorfstraße (Richtung Vordorf, Meine). 250 Meter weiter führt rechts „Am Ostfeld" durch ein Wohnviertel ganz genau auf das Eickhorster Holz zu, das in anderen Teilen als Sundern oder Meinholz benannt ist. Wir fahren nun geradeaus in den Wald hinein und nehmen dann den Pfad nach rechts hinüber (die nach links ausgeschilderte Fahrrad-Route treffen wir später wieder). An einem kleinen Teich biegen wir auf einen festen Fahrdamm nach links ab; dieser führt uns – sich allmählich nach rechts wendend – zum Waldrand bei Vordorf. Dann sind wir allerdings schon zu weit, denn 100 Meter vor dem Waldrand müssen wir nach rechts abbiegen. Mit Ziel Thune haben wir jetzt in gerader Strecke etwas mehr als zwei Kilometer vor uns, zunächst durch das Waldstück Sundern, dann immer am Waldrand entlang und schließlich durch die Feldmark, wo schon das Tanklager am Thuner Hafen in den Blick kommt.

Die Oker bei Walle

In Thune die „Meinestraße" nach rechts und dann die nächste links, dies ist der „Friedhofsweg". Er führt uns über den Mittellandkanal hinweg bis zum Hallenbad Wenden. Dort landen wir auf der Hauptstraße, in die wir nach rechts einbiegen.

Nun ist die Stunde der Entscheidung gekommen. Was passiert, wenn wir der Straße weiter folgen, in etwa geradeaus und Richtung Süden? Wir gelangen über die Wendener Hauptstraße, die Gifhorner und zuletzt die Hamburger Straße bei knapp 7 Kilometern Fahrt zum Wendenring, d.h. zu unserem Ausgangspunkt zurück. Auf Höhe des VW-Werkes bietet sich dabei die erste sinnvolle Möglichkeit, nach rechts einzuschwenken und die von der Hinfahrt bekannte Route an der Oker zu gewinnen.

Es geht natürlich auch anders. Zunächst die Variante „Badeausflug": Von der Wendener Hauptstraße nach links auf der Straße „Wendebrück" zur alten B 4, diese rechts, später Tunnel neben der Bahn und nach Bienrode hinein. Von der Altmarkstraße zweigt nach links „Auf dem Anger" ab; dieser Straßenzug führt zum Bienroder Kiesteich. Entweder man nimmt gleich den ersten Zugang geradeaus oder man folgt den Windungen der Straße und landet am südlichen Zipfel des Sees. Wo man sich hier niederlässt, ist eigentlich egal, eine schöne Stelle zum Picknick wird sich schon finden lassen.

Der Rückweg vom alten Baggersee kann so verlaufen: Am Südende des Sees die Straße „Im großen Moore", dann rechts zurück nach Bienrode, über die Bahn, Altmarkstraße rechts und 150 Meter weiter gleich wieder links. Hier geht's neben der Mühle in die Schunter-Aue hinunter und auf gepflastertem Weg in die Wiesen hinein. Am Autobahndamm links, dann Unterführung und nun liegt der nächste Abschnitt der Flussniederung vor Augen. Alle möglichen Wege nach rechts führen über Rühme zur Gifhorner Straße und damit in die Stadt zurück.

Wer noch weiter durchs Grüne radeln will, nimmt einen kleinen Umweg durch die Kralenriede. Dazu gleich nach links über die Fußgängerbrücke, ein kleines Stück geradeaus und dann sich stets rechts haltend möglichst in der Nähe der Schunter bleiben. Am Schreberweg (neben dem Pfad nach Rühme) beginnt eine schöne Route direkt über der Niederung auf der Terrassenkante entlang. Zunächst südlich, dann nach Osten umbiegend, etwa einen Kilometer. Nach rechts gelangt man nun über eine weitere Fußgängerbrücke zur Schuntersiedlung. An der Straße „Butterberg" nach links, Mergesstraße nach rechts und gleich wieder links in einen Feld-Wald-Weg, der über die Bahn, dann an Dowesee und Schulgarten vorbei ins Siegfriedviertel, zum Burgundenplatz führt. Auf der Siegfriedstraße geht es nach rechts zur Hamburger Straße. Diese überquerend erreicht man die Uferstraße, die vom Hinweg bekannt ist.

Von Wenden aus eröffnet sich aber noch eine weitere Möglichkeit. Man radelt die Hauptstraße hinunter und biegt dann nach rechts in die Veltenhöfer Straße ein, die uns im weiteren Verlauf (Ernst-Böhme-Straße) einen Querschnitt durch das Industriegebiet Hansestraße vermittelt, damit die moderne Seite des Hafengeländes zeigt. Dabei geht es immer geradeaus, erst hinter der Straßenbrücke über die Hafenbahn gilt es aufzupassen. Hier jetzt links in den Wendener Weg, der uns zur Mühlenkirche in Veltenhof bringt. Von dort die Rückfahrt wie Hinfahrt.

Blumenwiese an der Schunter

Landschaft Flüsse und ihre „Geschichte" stehen zunächst im Mittelpunkt dieser Tour. An der Oker entlang nach Norden fahrend hat man etwa auf der Höhe des Siedlungsgebietes „Schwarzer Berg" den ersten naturnäheren Abschnitt erreicht, zumal oberhalb noch der Rückstau des Ölper Wehres wirksam wird. Jenseits von Bahn und Autobahn, am Münzberg vor Veltenhof, öffnet sich der Blick über die Wiesen der Aue. Als Aue bezeichnet man den heute noch von Überschwemmungen betroffenen, meist 300–400 Meter breiten Bereich in der Nähe des Flusses. Dieser erfüllt aber nur bei größerem Hochwasser die Aue, ansonsten zieht er in gemächlichen Schlingen, sogenannten Mäandern, seine Bahn – und nagt hier und da am rechten, östlichen Rand der „inneren" Talung. Dementsprechend prägt sich dort eine steile Stufe von ungefähr 4 Metern Höhe aus. Die erhöhte Fläche heißt dann Talsandterrasse oder Niederterrasse; auf ihr liegen die Ortschaften, jedoch stets in der Nähe der tieferen Aue, wie am Beispiel Veltenhof sehr gut nachzuvollziehen ist.

Die historischen Wege mieden die feuchte Aue, die sich auch für Radtouren nicht besonders eignet. Meistens gibt es nur kurze Stichwege, die an Entwässerungsgräben entlangführen und vor einem Weidezaun enden. Dennoch erfreuen die Ausblicke auf die sattgrüne Vegetation, aufgelockert durch kleine Gehölze; stellenweise erscheinen auch die charakteristischen Kopfweiden. In urwüchsigeren Bereichen finden wir Seggen- und Röhrichtbestände. Die nördliche Oker-Aue, wie sie in Braunschweig genannt wird, bietet in weiten Teilen das Bild einer durch natürliche Mäander geprägten, nur wenig überformten Flusslandschaft. Im sogenannten Fettwinkel, jenseits des Mittellandkanales, sind dann große abgeschnürte Fluss-Schlingen als Altarme zu beobachten. Zu den kleinen Kuriositäten gehört die Verbindungsstraße von Veltenhof nach Ölper bzw. Watenbüttel, die bei ordentlich Hochwasser gesperrt wird.

Unsere Tour führt zwischen Veltenhof und Walle über die kilometerbreiten Talsandterrassen von Oker und Schunter. Es handelt sich dabei um die nur ganz leicht geneigten Abflussbahnen unserer Flüsse, entstanden unter eiszeitlichem Kaltklima. Es ist in der Tat nicht ganz leicht vorzustellen, dass Flüsse wie Oker und Schunter unter anderen Klimabedingungen ein gänzlich anderes Verhalten an den Tag legen. Eine Ahnung von deren Transportkraft stellt sich allenfalls bei Hochwasser ein, wobei aber unter (früh-) eiszeitlichen Verhältnissen noch eine enorm verstärkte Materialanlieferung hinzutrat, bedingt durch Frostwechsel und Bodenfließen. Ergebnis waren dann äußerst breite, aber zugleich flache Flussbetten, in denen die Strömung sich Bahnen sucht, die einem vervielfältigten Zopfmuster gleichen. Solche Erscheinungen werden als „braided river" bezeichnet und können heute beispielsweise in Alaska genauer studiert werden.

Festzuhalten bleibt, dass die heimischen Talsande nicht direkt auf die Transportwirkung des nordischen Gletscher-Eises, das mindestens zweimal den Harzrand erreichte, zurückzuführen sind, wie etwa die Grund- oder Endmoränen. Diese zeichnen sich durch eine Gemengelage von Steinen, Kies, Sand bis hin zu tonigen Bestandteilen aus, während die flussbegleitenden Talsande in ihrer Korngröße durch den Strömungstransport ziemlich gut sortiert sind.

Die enorme Breite der Talsandflächen nördlich von Braunschweig lässt sich nur stellenweise erkennen, mehr erahnen, wofür zwei Erscheinungen verantwortlich sind: Zum einen die moderne Überformung durch Verkehrsanlagen und Gewerbegebiete, wie sie sich entlang der Hansestraße und über den Hafen hinaus in Richtung Walle vorschieben. Zum anderen durch die den Talsandflächen aufsitzenden Dünenkuppen, die dem Relief zuweilen zu einer gewissen Bewegtheit verhelfen. Sie sind ebenfalls unter Kaltzeitklima entstanden, obgleich es auch zur Fortbildung in historischer Zeit, verursacht durch eine lückige Vegetationsdecke, gekommen ist. Auf den Dünen finden wir häufiger noch die standortgemäßen Eichen, während die einst weit verbreiteten Magerrasen auf den Sandflächen bis auf geringe Restbestände verdrängt sind.

Von Walle, dem Ort im Mündungswinkel von Schunter und Oker, geht es nach Groß Schwülper hinüber und in die Landschaft des Papenteichs hinein. Die dortigen Flächen der eiszeitlichen Grundmoränen liegen um rund 20 Meter über den Flusstälern, was später bei der langen sanften Abfahrt nach Thune hinunter deutlich wird. Mit „Poppendiek" wird in den ältesten Schriftquellen das weitere Gebiet um den Ort

Meine bezeichnet, in dem die Ortsnamen auf -büttel gehäuft vorkommen (auf unserer Tour: Lagesbüttel). Die Frage, warum gerade hier diese Siedlungsbenennung verbreitet auftritt und welcher historische Hintergrund zu diesem Phänomen gehört, hat verschiedene Wissenschaftszweige von der Volkskunde bis zur Geografie beschäftigt. Die Auffassung, dass ein Teil des sächsischen Volksstammes von der Unteren Elbe, wo gleichfalls das Grundwort -büttel vorkommt, nach hier zugewandert sei, kann aber ad acta gelegt werden. Vielmehr erscheint die Aufsiedlung des Papenteichs in Form von kleinen Weilern als ein recht später, grundherrlich gelenkter Vorgang, der mutmaßlich in das 10. Jahrhundert fällt. Aus den vielen kleinen „Büttels" sind heute nicht selten umfangreiche Wohnvorortgemeinden geworden, deren Bewohner in Braunschweig, Gifhorn oder Wolfsburg arbeiten. Ein Ende dieser ausufernden Neu-Siedlungsbewegung ist nicht in Sicht.

Eines der Büttel-Dörfer

Dass jedoch bestehende Siedlungen wieder verschwinden können, wenigstens in der länger zurückliegenden Vergangenheit, lehrt ein Blick auf die Wüstungsgeschichte. Die aufgegebenen Dörfer des Papenteichs, in der Regel im Spätmittelalter wüst geworden, lassen sich recht gut lokalisieren, wobei das Absuchen der gepflügten Äcker nach Tonscherben den abschließenden Beweis erbringen kann. Weit mehr als zwei Dutzend der „totalen Ortswüstungen" können sicher angegeben werden. Die wissenschaftliche Untersuchung bezog schließlich auch die Feldmarken jener verlassenen Dörfer mit ein. Dabei zeigte sich, dass unter den heutigen Waldungen in weiten Bereichen fossile Ackerfluren zu erkennen sind (dazu auch Seite 69, Tour 5, „Landschaft"). Dieser Befund betrifft auch die von uns durchquerten Waldstücke: das Klosterholz bei Lagesbüttel gänzlich, den Wald bei Eickhorst zum allergrößten Teil. Damit erscheinen die dortigen Eichen-Hainbuchen-Wälder, die oft als besonders urwüchsige Landschaftsbestandteile herausgestellt werden, in einem ganz anderen Licht.

Das soll uns aber nicht hindern, diese Waldpartien bei einer Fahrradtour zu genießen. In ihnen breiten sich im

Frühjahr stellenweise dichte Teppiche von Buschwindröschen aus, daneben finden sich Scharbockskraut und Veilchen. Kurz darauf erscheint auf großen Flächen die weiße Sternmiere. Zu dieser Zeit kann man auch Waldmeister und Sauerklee verkosten. Im Fortgang des Frühjahrs treten dann Maiglöckchen und Schattenblümchen auf, vereinzelt sind die Vielblütige Weißwurz und der Aronstab zu sehen.

Wald bei Eickhorst

Geschichte In Veltenhof erinnert der Name der Pfälzerstraße an die wichtigste historische Bevölkerungsgruppe, die dem heutigen Ort erst seine eigentliche Gestalt verliehen hat. Im Jahr 1750 wurde ein damals bestehender Gutshof an eine Gruppe von Pfälzer Siedlern übergeben. Bereits vordem hatte ein Ort namens „Velittunun" bestanden, so in der Magni-Urkunde von 1031 zu lesen. Jedoch war dessen Existenz, wohl schon im Mittelalter, auf ein landwirtschaftliches Anwesen im Besitz des Marienhospitals zusammengeschrumpft.

Einwanderer aus der Pfalz wurden vom Herzog regelrecht angeworben. Man hatte ihnen freies Bürgerrecht, Hilfe beim Hausbau und auch die freie Religionsausübung zugesagt, da sie nicht der herrschenden lutherischen, sondern der reformierten evangelischen Glaubensrichtung angehörten. Die weithin bekannte Mühlenkirche in Veltenhof dient der Reformierten Gemeinde aber erst seit 1930 als Gotteshaus. Herzog Karl I. versprach sich durch die Pfälzer, Fachleute im Wein- und Tabakanbau, eine Stärkung der einheimischen Wirtschaft. Insgesamt folgte er damit denselben Vorstellungen, wie sein berühmter Schwager Friedrich der Große in Preußen, der in seinem Land für liberale Zuwanderungsbedingungen sorgte. Von diesem stammt der Satz „Jeder soll nach seiner Façon selig werden".

Bekannt ist das nördliche Umland Braunschweigs für seinen Spargel. Die ausgedehnten Talsandfelder an Oker und Schunter, die sich nördlich von Veltenhof auf einer Breite von fast 6 Kilometern ausdehnen, verdanken ihre Entstehung eiszeitlichen Klima- und Abflussverhältnissen. Der warme, lockere Boden ist für den Spargelanbau in hervorragender Weise geeignet, leidet jedoch mit der Dauer an einer gewissen Erschöpfung.

Das Edelgemüse wird heute vor allem als frische Ware geschätzt, die ab Feld oder vom Erzeugerhof, an Straßenständen oder auf den Braunschweiger Märkten gekauft werden kann. Die einst sehr viel größeren Anbauflächen dienten in der zweiten Hälfte des 19. Jahrhunderts aber vornehmlich einem anderen Zweck: der Zulieferung für die Konservenindustrie. Tatsächlich war es in Braunschweig um 1850 nicht nur gelungen, geeignete Blechbehältnisse zu entwickeln, sondern auch, das Saisongemüse Spargel darin schmackhaft zu bewahren. Die Folge war ein ungeahnter Aufschwung der Konservenherstellung, der schnell auch andere Gemüsesorten erfasste. 1921 wurden in der Stadt Braunschweig 35 Konservenfabriken gezählt. Vom Glanz der einstigen Konservenhochburg Deutschlands ist so gut wie nichts geblieben.

Die Eingemeindung des Dorfes Veltenhof erfolgte 1931 vor allem in Hinblick auf den Mittellandkanal. Der geplante Hafen sollte unbedingt auf Braunschweiger Stadtgebiet zu liegen kommen. Auch wenn die Menge der umgeschlagenen Güter mit rund 1 Mio. Tonnen nicht allzu hoch ausfällt, so ist die Hafengesellschaft doch einer der wenigen städtischen Eigenbetriebe, der schwarze Zahlen schreibt. Im Anschluss an das Hafengelände entstand seit den 1980er Jahren das Gewerbe- und Industriegebiet Hansestraße, das heute den größten Teil der sandigen Feldmark zwischen Veltenhof und Wenden einnimmt.

Spargelfeld, nordwestlich von Braunschweig

Grenzstein zum Königreich Hannover

An der Schunter

Ausflug zum Tankumsee

Elbeseitenkanal, Barnbruch und Fallersleben

Tour Tankumsee Gesamtlänge 48 km, über Barnbruch und Fallersleben 58 km

3

Der Tankumsee zwischen Gifhorn und Wolfsburg, ein Nebenergebnis der Baumaßnahme Elbeseitenkanal, ist für viele Menschen unserer Region zum beliebten Ausflugsziel geworden. Baden, grillen, surfen – der See bietet Gelegenheit für zahlreiche Freizeitaktivitäten. Mit dem Fahrrad nimmt man sozusagen die Schifffahrtsroute: auf dem Uferrandweg zuerst am Mittellandkanal entlang, dann am jüngeren Kanal nach Norden. Wem es zu eintönig ist, auf der gleichen Strecke zurückzufahren, nimmt den Weg durch den Barnbruch und über Fallersleben; Bummel durch eine Kleinstadt, Besuch beim Dichter Hoffmann und schließlich ein langer Waldweg nach Braunschweig.

Die Strecke Für den Weg zum Tankumsee südöstlich von Gifhorn werden wir die befestigten Randwege der Schifffahrtskanäle nutzen, die ein zügiges und zugleich ungestörtes Fortkommen erlauben. Natürlich könnte man den Mittellandkanal bereits im Braunschweiger Hafengebiet oder bei Wenden erreichen, also geradewegs nordwärts auf den bekannten Braunschweiger Ausfallstraßen. Wir schlagen jedoch den grüneren Weg durch den Querumer Forst vor; den Kanal erreichen wir dann bei Abbesbüttel.

Startpunkt soll Gliesmarode sein, genauer: die Berliner Straße, am Übergang über die Bäche Wabe und Mittelriede. Das Gasthaus „Gliesmaroder Turm" steht an der Stelle, an der sich einst ein Durchlass durch die Braunschweiger Landwehr befand. Im Mittelalter gab es hier einen Wachturm, von dem aus Signale in die Stadt weitergegeben werden konnten.

Schunterbrücken bei Querum

Vom Gliesmaroder Turm 100 m die Berliner Straße stadtauswärts, dann Straßenseite wechseln und in die Querumer Straße nach links. An deren Ende nach links über den Bahnübergang: die Richtung stimmt jetzt, geradewegs nach Nord – 3,5 Kilometer bis zum Flughafen. Zunächst noch Gewerbegebiet, dann Querum-Ort, Schunterbrücke, Straßenknoten und auch hier geradeaus (Waggumer Weg). Es ist schwer zu glauben, dass der mittlerweile zurückgebaute Waggumer Weg über viele Jahrzehnte die Hauptzufahrt zum Braunschweiger Flughafen bildete. Der heutige Zustand als gut verfestigter Waldweg, für KFZ gesperrt, beruht auf einer Kompromisslösung, die als „Entschädigung" für die neue Autobahnauffahrt Flughafen verstanden wurde.

Hinter der Autobahnunterführung rechts in die Eckenerstraße (Abstecher zum Flughafen-Empfangsgebäude geradeaus und wieder an diesen Punkt zurück). Eckenerstraße 500 m, dann links in Richtung Waggum bzw. Bevenrode. An der Grenze des Flugfeldes das Waggumer Weghaus, eine alte und bekannte Ausflugsgaststätte. Das folgende Wegstück, direkt am östlichen Rand des Flugplatzes entlang, wird möglicherweise einer künftigen Startbahn-Erweiterung zum Opfer fallen. Die Verantwortlichen zerbrechen sich bereits jetzt den Kopf, wie eine Tunnellösung zu finanzieren ist.

Nördlich von Waggum

Nun geht es am Rand von Waggum entlang, nicht in den Ort hinein fahren, sondern weiter geradeaus bis zum großen Findlingsstein (anders gesagt: bis zur leichten Rechtskurve der Straße). Dort ein Feldweg nach links, der durch das reizvolle Tälchen des Beber-Baches führt. An der nächsten Wegekreuzung rechts (nach Nord), ein kurzes Stück einspuriger Teerbelag, dann auf gut fahrbarem Boden stets geradeaus bis nach Abbesbüttel. Dies ist übrigens ein Teilstück des Fernradweges Braunschweig – Lüneburg und in historischer Benennung der „Alte Stadtweg". In Abbesbüttel bis zur Hauptstraße, und dann darüber hinweg (Vordorfer Straße).

Nach 500 m ist der Mittellandkanal erreicht. Nun über die hohe Brücke und am jenseitigen (!) Ufer die Böschungsrampe nach links hinunter. Dies ist nicht ganz einfach, aber mit etwas Umsicht doch zu bewältigen. Unten angekommen gleich wieder unter der Brücke hindurch und Richtung Nordost. Der Rest ist gemächliches Rollen: 8 km bis zum Abzweig des Elbeseitenkanales, und dann an diesem entlang rund 5 km bis zum Tankumsee, den man von hoch oben, von der Dammschüttung des Kanales, gut überblicken kann. Die insgesamt recht lange Kanalstrecke bietet eine Reihe von unterschiedlichen Landschaftsbildern: streckenweise an steileren Böschungen entlang, dann wieder Ausblicke auf nahe Waldungen, zuletzt radelt man auf einem hohen Damm, von dem die Dörfer des „Papenteichs", so nennt man dieses Gebiet südlich von Gifhorn, mit ihren Dächern und Kirchturmspitzen sichtbar werden.

Landschaft im Papenteich

Der Elbeseitenkanal sollte eine kurze Verbindung vom Mittellandkanal zur unteren Elbe herstellen. Neben der Unabhängigkeit vom Elbwasserstand bei Magdeburg konnte damit auch die Schiffspassage durch die DDR vermieden werden. Die Wasserstraße mit ihrer Gesamtlänge von 115 Kilometern wurde 1976 fertiggestellt. Während des Bauvorganges waren für Dammschüttungen große Mengen Sand benötigt worden. Auf diese Weise entstand der 62 Hektar große Tankumsee bei Gifhorn.

Die ungewöhnliche Situation wurde als Chance begriffen, der See als Erholungsgebiet ausgestaltet. Grillplätze, ein Badestrand, Bootsverleih und ein Campingplatz mit mehr als 400 Stellplätzen erwarten den Besucher. Eine angeschlossene Siedlung aus Ferienhäusern und ein Hotel tragen dazu bei, an schönen Sommertagen weit über 10.000 Gäste anzulocken.

Wer Neues entdecken möchte, sollte für die Rückfahrt einen anderen Weg nehmen. Wir beschreiben hier eine Route, die zunächst durch den Barnbruch nach Fallersleben führt und uns dann, nach einer Ortsbesichtigung, durch den Wald nördlich des Schuntertales wieder nach Braunschweig bringt.

Tankumsee

Am äußersten Nordost-Zipfel des Tankumsees finden wir in Gestalt eines kleinen Tunnels die einzige Möglichkeit, auf die andere Seite des Kanales zu gelangen. Von dort auf befestigtem Weg gut einen Kilometer geradeaus. An der großen Wegekreuzung mit Bank und Infotafel nach links (Hauptweg, gut befestigt). Wir haben jetzt unsere Generalrichtung, mehr oder minder ostwärts, der wir 5 Kilometer geradewegs folgen.

Zunächst noch durch die forstwirtschaftlich stärker umgeformten Zonen des Feuchtgebietes, immerhin auch hier stämmige Eichen, bald erste Gräben am Wegesrand, später die naturnäheren Bruchwaldzonen. Jetzt wird der Weg streckenweise holperig, aber entschädigt werden wir in diesem ziemlich urtümlichen Abschnitt möglicherweise durch den Ruf vom Kolkraben. Wir landen schließlich am Rande der (inzwischen abgedeckten) Wolfsburger Mülldeponie, so verwunderlich diese Nachbarschaft von Naturschutzgebiet und Abfallentsorgung auch scheinen mag. An der ersten öffentlichen Straße rechts, Richtung Fallersleben, mit schönem Ausblick über die Feuchtwiesen des Aller-Urstromtales.

Die nächste Straßenkreuzung überqueren wir, fahren über den Mittellandkanal hinweg und auf einer Rampe auch über die Eisenbahnlinie. An der ersten Ampel (am Neuen Tor) weiter geradeaus die Hauptstraße „Viehtrift". Kurz darauf Stichweg nach rechts, der zu einem Abstecher zum Schwefelbad Fallersleben (50 m) einlädt. Zu den Öffnungszeiten der Einrichtung kann im Foyer etwas von dem heilenden Wasser verkostet werden. Zurück zur Hauptstraße. An der nächsten Ampel halblinks ein kurzes Stück Gifhorner Straße. Mit dem Straßenzug Viehtrift, Anfang Gifhorner Straße, dann weiter Hofekamp und Hinterm Hagen, haben wir die Ortsumgehung Fallersleben vor uns, die anstelle einer älteren Befestigung des kleinen Städtchens entstanden ist. Wir biegen jedoch gleich nach links in die Westerstraße, in Richtung Zentrum, ein. Bald vermehrt Geschäfte, Gasthaus und Eisdiele. Fast alle Wege und Straßen nach rechts führen zum Residenzbezirk mit Schule und Hauptkirche, Teich und Schloss. Allerdings darf man sich keine allzu großartige Vorstellung von diesem Schloss machen; jedoch ist hier das Museum für den Dichter und Sprachforscher Hoffmann von Fallersleben untergebracht (siehe „Geschichte"). Als Rest der einstigen Gebäudegruppe finden wir einen großen Fachwerkbau der Renaissance nebst einem steinernen Treppenturm vor, dazu noch einige kleinere Gebäude. Kunstgeschichtlich interessanter ist der Kirchenbau nebenan, der uns als Baustil den Klassizismus vorführt.

Mittellandkanal

Weiter geht es dann vom Hoffmann-Museum zwischen den Torpfeilern hindurch Richtung Süd. Wir folgen ein kurzes Stück der Hoffmann-Straße bis zum „Stadtring", der hier Hofekamp heißt. Nun 200 Meter nach rechts hinunter und dann links in die Ehmer Straße, Fahrtziel Ehmen. Dieser Landschaftsabschnitt ist ziemlich wellig und in einzelne Hügelkuppen aufgelöst, was mit der speziellen geologischen Situation am Rande eines Salzstockes zu erklären ist. Tatsächlich existierte hier bis 1926 ein Salzbergwerk mit zwei Schächten. Einige Straßenbezeichnungen weisen noch darauf hin. Auch die Schwefelquelle von Fallersleben ist auf die Schichtenverstellung durch das Salz zurückzuführen. In Ehmen Wegweiser nach Klein Brunsrode. Vor dem Zielort die Unterquerung der Eisenbahntrasse Braunschweig – Wolfsburg, dann folgen wir den Biegungen der Hauptstraße durch den Ort. Auf dem Ortsausgangsschild vom kleinen Brunsrode wird das noch weit größere Brunsrode angekündigt. Dort angekommen, biegen wir von der „Alten Hauptstraße" nach rechts in die „Dorfstraße" ein, radeln an der Kirche vorbei und halten uns dann am Feuerwehrhaus bzw. Kinderspielplatz links (!). Durch die Feldmark geht es auf den Waldrand zu.

Von einem kleinen Zwischenstück abgesehen, haben wir jetzt rund 7 Kilometer durch das ausgedehnte Waldgebiet nördlich des Schuntertales vor uns. Zuerst 100 Meter am Waldrand nach links, dann knapp die doppelte Strecke geradeaus weiter und am gut befestigten Waldweg nach rechts hinüber. Nun einen Kilometer geradeaus, über die Landstraße hinweg und noch einmal eineinhalb Kilometer. An dieser rechts-links-Entscheidungsstelle müssen wir links, kurz darauf ist der Waldrand erreicht. An dem geht es nun nach rechts entlang und über ein kurzes Wegstück zwischen Feldflächen, noch 300 Meter am nächsten Waldrand (der Wald rechter Hand), dann rechts einbiegen und dem festen Weg geradezu bis zur nächsten Landstraße folgen. Genau gegenüber geht es weiter, der Waldweg ist gut befestigt und das bleibt auch sein besonderes Kennzeichen. Mit diesem Merkmal kann man die Richtung eigentlich nicht verfehlen, auch wenn dieser Weg mehrfach verschwenkt: zuerst nach links, dann nach rechts, dann wieder links, jeweils im Abstand von ein paar hundert Metern. Die „Zielgerade" hat dann einen Kilometer Länge und endet an der Landstraße von Hondelage Richtung Waggum. Zunächst noch innerhalb des Waldes gelangen wir nach rechts zum Waggumer Weghaus, das uns vom Anfang der Tour bekannt ist.

Statt des bereits gefahrenen Weges durch den Querumer Forst kann man alternativ auch eine andere Route wählen. Brücken über die Schunter, in Richtung Innenstadt, finden sich allerdings nur in Querum (wie Hinweg) oder bei der weiter westlich gelegenen Schuntersiedlung.

Geschichte Der erste Teil der Fahrt führt durch die Landschaft Papenteich mit seinen Büttel-Dörfern, deren Siedlungsgeschichte bei Tour 2, Landschaft, behandelt wird. Der siedlungsfreie Barnbruch ist bereits Teil des Aller-Urstromtales. An seinem südlichen Rand liegt Fallersleben, das seit 1972 zur erweiterten Stadt Wolfsburg gehört. Die damaligen Proteste kann man verstehen, da die Zuordnung zunächst genau umgekehrt erfolgte: der „Stadt des KdF-Wagens" wurde zur genaueren Bestimmung „bei Fallersleben" hinzugefügt. Die erste Ortserwähnung fällt bereits in das Jahr 942.

Eine gewisse Blüte erlebte der Flecken im mittleren 16. Jahrhundert. Der Celler Welfenfürst Ernst hatte seinem Bruder Franz ein eigenes kleines Gebiet zugestanden, das Herzogtum Gifhorn. Der begann sich nun etwas intensiver um sein eigenes Ländchen zu kümmern, was in Fallersleben zum Neuaufbau des Schlosses führte. Seine Witwe, Herzogin Clara, erhielt dann als Sitz Fallersleben zugewiesen. Aus dieser Zeit stammt das erhaltene Wohngebäude des kleinen Schlosses, ein Fachwerkbau von 1551, der durch eine Inschrift datiert wird.

Partie am Mittellandkanal

Bekannt geblieben ist der Ortsname vor allem durch den Dichter August Heinrich Hoffmann, der hier 1798 geboren wurde und sich später den Künstlertitel „Hoffmann von Fallersleben" zulegte. In seiner Geburtsstadt weilte Hoffmann nur gelegentlich: er war in Breslau Professor für deutsche Sprache und Literatur geworden. Für heutige Zeit ziemlich erstaunlich dichtete er aber auch zahlreiche Kinderlieder („Alle Vögel sind schon da") und 1841 auf Helgoland „Deutschland, Deutschland über alles" – damals eine Forderung nach freiheitlicher Demokratie und einem geeinten Deutschland. Ein Teil seiner Gedichte war politisch so brisant, dass die preußische Regierung für seine Amtsenthebung sorgte.

Danach konnte sich Hoffmann nur in einer kurzen Zeitspanne ab 1848 ungehindert von behördlicher Verfolgung in Fallersleben bewegen, wenige Jahre später sollten Steckbriefe seine Rückkehr verhindern. Bezeichnend für die Zeit vor dem demokratischen Aufbruch von 1848 ist die Geschichte einer nächtlichen Flucht aus Fallersleben, während das Wohnhaus der Familie bereits von hannoverschen Dragonern überwacht wurde. Aber diese hatten die Rückwand des Kuhstalles nicht im Auge behalten. Wenige Kilometer entfernt im damals liberaleren Braunschweig war Hoffmann erst einmal in Sicherheit.

Heute beleuchtet das **Hoffmann-Museum**, untergebracht im Schlossbau, die Zeitumstände rund um das Revolutionsjahr 1848. Die geehrte Person lernen wir durch Schriften, Bücher und auch durch persönliche Gegenstände näher kennen. Mitten im Städtchen finden wir Hoffmanns Geburtshaus, dort steht auf einer Tafel:
„Sein Ruhm ist unvergänglich".

▶ Hoffmann-Museum
Schloss Fallersleben
38442 Wolfsburg-Fallersleben
Tel. (0 53 62) 5 26 23
Di–Fr: 10–17 Uhr
Sa: 13–18 Uhr
So: 10–18 Uhr

Fallersleben, Hoffmanns Geburtshaus

Schloss Fallersleben

Nicht nur Autos: Die Reize der VW-Stadt

Wolfsburg

Schloss Wolfsburg 36 km,
Gesamtstrecke ca. 70 km.
Ausflug mit Kindern:
bis Tierpark Essehof 13 km.

4

In das Jahr 1938 fällt die Grundsteinlegung des Volkswagen-Werkes in der Allerniederung, nahe der alten Wolfsburg, auch wenn die Firmierung damals noch etwas anders lautete. Zugleich war dies der Anfang einer neuen Stadt: ein städtebauliches Experiment. Dominant ist immer noch das Automobil und die Themen drumherum, geblieben ist die finanzielle Abhängigkeit vom Großkonzern. Doch die Frage nach der Urbanität wäre inzwischen neu zu stellen, jenseits aller Klischees. Machen wir uns per Fahrrad auf nach Wolfsburg, so entdecken wir – nach einer Fahrt durch ausgedehnte Waldungen – etliche Vorzüge: viel Grün zwischen den einzelnen Stadtvierteln, mehrere Spitzenwerke moderner Architektur, die allein schon einen Besuch lohnen, und ein breites Angebot für Freizeit, Sport, Bildung und Kultur, dass man nur staunen kann.

Die Strecke Über die Fallersleber und die Gliesmaroder Straße verlassen wir das innere Stadtgebiet nach Nordosten. Noch vor dem Bahnhof Gliesmarode biegen wir nach links in die Beethovenstraße ein. An den TU-Instituten vorbei, über eine Bahnlinie, bis zur Ottenroder Straße, der wir nach rechts folgen. Nun über 2 Bahnlinien und 2 Bäche in den Pepperstieg, der uns geradewegs in die breite Essener Straße weiterleitet. Auf dieser durchqueren wir einen neueren Teil von Querum. An der Bevenroder Straße kurz rechts und wieder links: Dies ist die Dibbesdorfer Straße, die uns nach gut 2,5 Kilometer genau dort hinbringt.

Wir begleiten dabei einen alten Bahndamm und biegen erst hinter dem Sandbach nach Dibbesdorf ein, geradeaus radelnd gelangen wir über „Am Markt" zur „Alten Schulstraße", die knapp nach rechts auf die Bundesstraße 248 mündet. Auf die andere Seite bei Ampelgrün. Nun haben wir ein schönes Stück durch Feld und Wald bis zum Ort Essehof vor uns, insgesamt etwa 4,5 Kilometer. Die Fahranweisung lautet: Immer geradewegs, in Zweifelsfällen links halten; dementsprechend folgen wir an einer Verzweigung dem X des Fernwanderweges.

▶ Tierpark Essehof
Am Tierpark 3
38165 Lehre-Essehof
Tel. (0 53 09) 88 62
Sommer: täglich 9–19 Uhr
Winter: abends verkürzt

Essehof ist an sich schon Ziel für einen Kurztrip, dabei lockt der dortige **Tierpark**. Wir haben die Strecke bis hier ganz bewusst so konzipiert, dass sie auch zusammen mit Kindern gut benutzt werden kann, d.h. der Anteil an öffentlichen Straßen ist minimal gering, Landstraßen ohne Radweg sind nicht enthalten. Zum Tierpark kurz rechts, dann links „Im Altdorf". Die Rückfahrt über Hordorf ist wegen des Landstraßen-Problems mit Kindern nicht empfehlenswert; eine Wegealternative Richtung Riddagshausen kann der Rundfahrt 5 entnommen werden. Für Tourenfahrer bleibt zu bedenken, dass ein Tierpark-Besuch seine Zeit in Anspruch nimmt, aber mit dem Ziel Wolfsburg lässt sich auch eine Bahnrückfahrt nach Braunschweig verbinden.

Weiter nach Wolfsburg. In Essehof links, unter der A 2 hindurch und gleich wieder rechts, auf die Kuppe hinauf und 400 Meter am Waldrand entlang, dort links abbiegen in die Feldmark, um den Tunnel unter der Schnellbahntrasse nach rechts zu erreichen. Dort geradeaus, am nächsten Waldrand entlang und dann nach links hinüber, wo in einiger Entfernung schon die hellen Wohnblocks am Rande des Kampstühs sichtbar werden. Wir erreichen die Landstraße und fahren an dieser seltsamen Waldsiedlung vorbei, bei der es sich in Wirklichkeit um eine alte Militäreinrichtung handelt. Wir haben jetzt den Rand des sehr ausgedehnten Beienroder Holzes erreicht, dessen mittlerer Teil unter dem Namen Kampstüh bekannt ist. Dort finden sich dann die großen Eichen, deren Alter auf mindestens 600 Jahre geschätzt wird. Wir nehmen also die nächste Straße nach links; sie ist für den öffentlichen Verkehr gesperrt. Der Clou: diese Wegeverbindung führt uns über 3,5 Kilometer durch das Waldgebiet und zwar geradewegs, wenn wir mal von zwei leichten Links-rechts-Verschwenkungen absehen. Die ersten Uralt-Eichen sind nach links innerhalb des Sperrzaunes zu entdecken, danach häufiger links etwa 30 Meter abseits der Straße; die berühmte Zwillingseiche nahe der ersten leichten Linkskurve.

Haben wir den Wald durchquert, so wenden wir uns nach rechts, erreichen Beienrode, auf der Hauptstraße zur Schunter hinunter, dann rechts nach Hattorf hinein. Hier müssen wir nach links die Straße „Buchenberg" hinauf. Über die nächste Landstraße („Heiligendorfer Straße") hinweg, geradeaus durch die Feldmark und in das Hattorfer Holz hinein. Es folgt ein etwas kritisches Wegestück, dann aber wieder festere Spur. Bald hinter einem Bachtälchen mit Feuchtwiese der gut befestigte Hauptweg, auf den wir nach rechts einbiegen. Hinter der „Käfertränke" wendet sich der Weg allmählich nach links, erreicht schließlich freies Feld. Zum jenseitigen Waldrand gelangen wir über einen Rechts-links-Schwenk. Einen Kilometer geradeaus bis zum Wolfsburger Stadtteil Rabenberg.

Bis zu dieser Stelle haben wir den „grünen Weg" gewählt und einen großen Wolfsburger Stadtteil, Detmerode, südlich durch den Wald umfahren. Dies ist bereits das erste Charakteristikum der zwischen 1938 und 1972 entstandenen Stadtanlage: die fast inselhafte Verstreuung der Wohngebiete. Die folgende Wegstrecke soll einige Beobachtungen einsammeln, um das städtebauliche Experiment Wolfsburg kennenzulernen.

Kulturzentrum (Alvar Aalto)

▶ Autostadt
Stadtbrücke
38440 Wolfsburg
Tel. 08 00 288 678 23
Täglich,
außer 24.12. und 31.12.,
9–20 Uhr (Sommer)
9–18 Uhr (Winter)
Werksführung abhängig
u.a. von verfügbaren
Plätzen, Anmeldung
an der Abfahrtsstelle

▶ Planetarium
Uhlandweg 2
38440 Wolfsburg
Tel. (0 53 61) 2 19 39
Vorführungen
Mi: 15 und 17 Uhr
Sa: 15 und 16 Uhr
So: 14 und 15 Uhr
Jeweiliges Programm
ist telefonisch zu erfragen

Planetarium am Klieversberg

Nun also zur Rabenbergstraße hinunter, diese kurz rechts, dann links in den „Burgwall". Wir treffen auf die breite Braunschweiger Straße, hier rechts. Gegenüber sehen wir den Stadtteil Klieversberg, obenauf ein Funkturm, dann am Nordhang das kubische Theater (Hans Scharoun, Entwurf 1966), weiter unten die Kuppel des **Planetariums**. Die Braunschweiger Straße geleitet uns ins Zentrum, das an der Porschestraße erreicht ist – einst Hauptstraße, jetzt Fußgängerzone. Rechter Hand das monumentale Kunstmuseum aus Stahl und Glas, dann das wesentlich feinere Kulturzentrum (Alvar Aalto, Entwurf 1958), dahinter die Rathaus-Bauten. Die gut einen Kilometer lange Porschestraße führt zum Bahnhof (nach links hinüber), als neuer Blickfang dient jedoch das kühn entworfene Sience-Center (Zaha Hadid, 2004 im Bau).

Rechts daneben beginnt die Fußwegbrücke über Bahnlinie und Mittellandkanal, die zur sogenannten **Autostadt** am Rand des sich nach Westen erstreckenden VW-Werkes führt. Dem Unkundigen muss man erläutern, dass es sich dabei um ein Präsentationsforum handelt, das in Verbindung mit dem VW-Abholcenter den rechten Geschmack am Automobil vermitteln will.

Für Fahrradfahrer geht es hier jedenfalls nicht weiter, was durchaus doppeldeutig gemeint ist. Über die angesprochene Brücke gelangt man mit dem Rad nicht, es sei denn, man schleppt es die Treppen hinauf. Wir peilen jetzt das Wolfsburger Schloss an. Also parallel zur Bahn nach rechts, unter der „Berliner Brücke" hindurch, dann rechts-rechts-rechts und auf die Brücke hinauf und hinüber. Oben belohnt eine gute Aussicht: Volkswagenwerk und „Autostadt" nach Westen, nach Norden in der Sichtachse das Schloss oder – wie man es nehmen möchte – die alte Wolfsburg, ganz nahe dort der Allerfluss (nicht sichtbar), nach Osten die glasverkleidete Sportarena. Dahinter liegt übrigens der **Allersee** mit Badestrand, und zwischen diesem und dem Schloss noch die Gebäude von **Badeland** und Eissporthalle. Was nun weiter passieren soll, muss jeder selbst entscheiden, wobei die Pole etwa bei historischer Bildung rund um das Schloss und Badevergnügen liegen.

▶ Allersee,
Sandstrand am Nordufer,
im Allerpark
(nahe Volkswagen-Arena),
mit DLRG-Station

▶ Badeland
Am Allerpark
38448 Wolfsburg
Tel. (0 53 61) 89 00 - 0
Mo–Sa: 8–22 Uhr
So: 8–20 Uhr
(in der Wintersaison abweichend)

Die Rückfahrt aus Richtung Wolfsburger Schloss verläuft auf der anderen Seite über die Berliner Brücke. Knapp dahinter, etwa in gerader Linie, die romanische St.-Annen-Kirche, ein Rest des fast verschwundenen dörflichen Kernes von Heßlingen. An dem Kirchlein links (östlich) vorbei, dann rechts in die Rothenfelder Straße, die später Kleiststraße heißt, über die schon bekannte Porschestraße hinweg und dann links in die Schillerstraße, an der sich nach rechts die ältesten Baublocks der Stadt, noch während des Krieges fertiggestellt, aufreihen (Fontanehof u.a.).

Am Ende der Schillerstraße halten wir uns leicht links und haben über ein Stück Braunschweiger Straße gleich wieder den Nordrand des Klieversberges erreicht, auf dem in der ersten Planungsphase noch die Bauten für NS-Partei und Staatsorganisationen als „Krone über der Stadt" vorgesehen waren. Wir wenden uns zum höchstgelegenen Bauwerk, dem bereits bekannten Theater, wo links neben dem Haupteingang ein ansteigender Weg beginnt, der uns auf einer gesperrten Straße über den Höhenrücken hinwegführt. Auf der anderen Seite am Krankenhaus vorbei, am Hochring schräg nach rechts gegenüber ein Weg, auf dem wir zunächst zwischen Siedlung und Wald (dieser linker Hand!), später dann mitten durch ein Waldstück in fast gerader Linie zum Stadtteil Westhagen gelangen. Dort Suhler Straße nach rechts, geradezu in den Dresdener Ring, dann links Wegweisung nach Ehmen und Mörse. In Mörse: Feldscheunenweg, Hattorfer Straße, dann rechts in die Alte Braunschweiger Straße, die wir hinunter radeln. Nachdem wir ein Gärtnereigelände passiert haben, biegen wir nach rechts ab, um in das Hohnstedter Holz zu gelangen.

Die Passage durch dieses Waldgebiet wird zunächst von einer Wegweisung nach Flechtorf begleitet. Darauf sollte man sich aber nicht verlassen. Es ist hier wie annähernd überall mit den Fahrradwegweisern – sie werden nach Anbringung kaum mehr überprüft, geschweige denn optimiert. Dabei kann es durchaus vorkommen, dass irgendein Komiker die Schilder verdreht hat. Auch fehlen sie grundsätzlich dort, wo sie am dringendsten benötigt werden.

Nach dieser kleinen Anmerkung kehren wir zu unser Beschreibung zurück. Der Weg ist fest und gut fahrbar und leitet uns durch schöne Waldpartien. Allerdings stand hier nicht immer Wald: wir bewegen uns über ehemalige Ackerfluren, die wahrscheinlich bereits im späten Mittelalter aufgegeben wurden. Kenntlich sind solche Bereiche durch die sich längs erstreckenden Ackerbeete, sogenannte Wölbäcker, die den Waldboden wie ein großes Wellblech in flache Rinnen und leicht erhöhte Dämme formen. Nach links und rechts sind die Wölbäcker im ersten Wegestück gehäuft zu entdecken.

Gut 2 Kilometer geradeaus, über alle Kreuzungen hinweg. Dann teilt sich der Weg an einer Eichenschonung. Wir wenden uns nach rechts und werden gleich weiter nach Westen umgeleitet. Nach 250 Metern erreichen wir einen alten Bahndamm, auf dem wir nach links weiterfahren. Der nächste Kilometer, der stellenweise holperig ausfällt, sei mir bitte verziehen. Aber damit wird das Ordnungsprinzip für den weiteren Fahrtverlauf deutlich. Wir werden uns bis Braunschweig an alten Eisenbahntrassen orientieren. Den Damm befahren wir nur hier, ansonsten werden wir ihre sehr gut überlegte Linienführung beachten.

Bald geht es aus dem Wald hinaus, 400 Meter weiter ein Teerweg, diesen 150 Meter nach links, dann wieder rechts und parallel zum Bahndamm durch die Feldmark. Wo es geradeaus nicht mehr weiter geht, nach rechts. Dieser Weg führt uns über die aufgegebene Bahntrasse hinweg, in ein Waldstück hinein, unter einer zweiten Bahnlinie hindurch zu einer Landstraße, auf der wir nach links Groß Brunsrode erreichen. Auf der Hauptstraße längs durch den Ort hindurch und bis zur Spitze des nächsten Waldstückes. Die Autostraße biegt hier nach links um, wir aber bleiben auf dem Teerweg am Waldrand, der 600 Meter weiter nach links umschwenkt und nach Lehre hinunterführt.

Hinter den Sportplätzen entdecken wir nach links hinüber das alte Bahnhofsgebäude; Bahndämme, Schotterflächen und auch der ehemalige Schienenverlauf in der Straße sind auszumachen. Damit sind wir aber schon zu weit, denn vor dem nur mehr gedachten Bahnübergang müssen wir nach rechts. Von nun an pendelt der stets sehr gut ausgebaute Weg um diese alte Bahnlinie: zunächst entfernen wir uns etwas in die Wiesen hinein, dann ein weiterer Haken nach links, zurück zum alten Damm und über diesen hinweg, und jetzt immer an der verschwundenen Schienenstrecke entlang nach Wendhausen, dessen stämmiger Kirchturm bald links erscheint.

An der Landstraße von Wendhausen nach links, zunächst über die Schunter, dann am Schloss vorbei, über den Mühlgraben, und jetzt rechts in die Schulstraße. Gleich haben wir einen guten Blick auf die Windmühle des Ortes, die aufgrund ihrer Ausführung mit fünf Flügeln einen Sonderfall innerhalb der Technikentwicklung darstellt. Die Verlängerung der Wendhäuser Schulstraße führt über 1,5 Kilometer geradewegs nach Dibbesdorf. Dort treffen wir auf die „Alte Schulstraße", was wir als puren Zufall oder als Bekenntnis zur Volksbildung werten können. Geradeaus weiter erreichen wir den von der Hinfahrt bekannten Straßenknoten nahe der Bundesstraße. Wir können jetzt nach rechts einbiegen („Am Markt") und gelangen auf dem bereits gefahrenen Weg nach Querum und in die Innenstadt zurück.

Landschaft Die Tour nach Wolfsburg führt auf weite Strecken durch Wald, was im Zuge der nächsten Rundfahrt (Tour 5) behandelt werden soll. Vielmehr kann hier ein Ausblick auf die Landschaft des Aller-Urstromtales genommen werden, die im gesamten südlichen Raum keine Entsprechung besitzt. Zum Thema Wald wäre nur anzumerken, dass auch die Forsten südlich der Wolfsburger Kernstadt, von denen das Hattorfer Holz und der Wald am Rabenberg bei dieser Tour berührt werden, fast ausnahmslos einstige Ackerflächen darstellen. Der südwestliche Vorposten Wolfsburgs, die Trabantenstadt Detmerode, erhielt ihren neuen Namen nach einem der aufgegebenen mittelalterlichen Dörfer.

Das innere Stadtgebiet Wolfsburgs stellte bis 1938 einen äußerst dünn besiedelten Raum dar, der sich von den Sandflächen der Allertalung bis zu den südlichen Anhöhen erstreckte. Die geringe Bevölkerungsdichte erleichterte die Landbeschaffung für das Volkswagen-Werk. Entscheidend für die Standortwahl waren jedoch andere Faktoren: die Lage in der Mitte Deutschlands, die Verkehrsanbindung durch Eisenbahn und Mittellandkanal sowie die Nähe zu den „Reichswerken" in Salzgitter.

Für den Fernverkehr bildete die feuchte Allerniederung seit alters her ein Verkehrshindernis ersten Ranges. Ein wichtiger Übergang lag weiter östlich bei Vorsfelde, wo die Distanz quer durch das Stromtal auf 1,5 Kilometer zusammenschrumpft. Der Übergang bei der Wolfsburg, in Sichtweite des heutigen Stadtzentrums, muss als Möglichkeit der zweiten Wahl erscheinen, die schließlich aber eine ernstzunehmende Konkurrenz darstellte. Mit Vorsfelde, einst zum Land Braunschweig gehörig, ist eine der beiden nahen Kleinstädte angegeben, daneben ist das westlich gelegene Fallersleben zu nennen, das bereits zum hannoverschen Gebiet gehörte. Diese älteren Städtchen sind inzwischen nach Wolfsburg eingemeindet.

Der Klieversberg am Südrand des neuen städtischen Zentrums bildet den letzten Ausläufer des mitteldeutschen Berglandes gegen die norddeutsche Tiefebene. Dabei sind es weniger die Oberflächenformen, die diese Aussage bestimmen, obwohl sich von dort aus ein sehr guter Überblick ergibt. Vielmehr ist es die Tatsache, dass überhaupt Festgestein anzutreffen ist. Die Landschaften des Nordens hingegen sind aus ungeheuren Mengen von Lockermaterial, meistens Kies und Sand, aufgebaut. Die Steinbrüche am Klieversberg versorgten die nähere Umgebung mit Baumaterial.

Das Tal der Aller wird von dem heutigen Fluss nur zu einem winzigen Teil in Anspruch genommen, wenn auch infolge des geringen Gefälles früher ein sehr hoher Grundwasserstand vorherrschte. Eine sehr breite Niederungszone, erfüllt mit Talsanden und stellenweise auch mit aufgewehten Dünen, lässt sich von der Elbe bei Magdeburg durch das Ohretal, dann schließlich entlang der mittleren und unteren Aller verfolgen. Im einst völlig versumpften Drömling östlich von Wolfsburg ist eine Breite von mehr als 10 Kilometern anzugeben, im feuchten Barnbruch westlich der Stadt werden 5-6 Kilometer erreicht. Dementsprechend ist dieser Talzug, der bequemerweise vom Mittellandkanal ab Fallersleben-Sülfeld genutzt wird, als Urstromtal gedeutet worden, in dem zeitweilig die Schmelzwässer vor dem Rand des europäischen Inland-Eises, von Polen und Ostdeutschland kommend, zur Nordsee abflossen. Was allerdings nicht so recht zu diesem Bild passen will, ist die Einschnürung der Talung auf der Strecke zwischen Wolfsburg und Vorsfelde, die doch auf etwas kompliziertere Entstehungsvorgänge hindeutet.

Feuchtwiese im Allertal

Geschichte Mit Salzgitter und Wolfsburg besitzt unsere Region zwei Beispiele für Stadtneugründungen im mittleren 20. Jahrhundert. Ihnen ist besonders deswegen eine besondere Bedeutung beizumessen, weil es sich um Gründungen „auf dem flachen Land" handelt, die nicht im Anschluss an einen bereits bestehenden städtischen Kern errichtet wurden. Form und Gestalt, die innere Gliederung, aber auch die städtische Identität besaßen keinerlei Anknüpfungspunkte – in beiden Fällen ein städtebauliches Experiment. Als Geburtsvorbereitung für Wolfsburg kann man die Grundsteinlegung für das Automobilwerk am 26. Mai 1938 ansehen, von Adolf Hitler zeremoniell vollzogen. Der Zeugungsgedanke hieß „Kraft durch Freude" (KdF). Am 1. Juli 1938 wurde die „Stadt des KdF-Wagens bei Fallersleben" gegründet.

Selbstverständlich feiert man in Wolfsburg auch ältere Jubiläumsdaten. Dies geht für die beiden kleineren Städtchen Fallersleben (942) und Vorsfelde (1145), die 1972 bei der Versechsfachung des Stadtgebietes einkassiert wurden, ebenso für die Dörfer im Stadtgebiet und ist auch für die alte Wolfsburg möglich, die 1302 erstmals urkundlich erwähnt wird. Dort waren es die Ritter von Bartensleben, die die Geschichte der folgenden Jahrhunderte bestimmten. Ihnen gelingt es, ein selbstständiges Territorium aufzubauen, das sie durch geschickte Politik zwischen den mächtigen Nachbarn – Brandenburg, Erzbistum Magdeburg und welfische Länder – behaupten können. Man wechselte auch durchaus die Seite, wenn es passend erschien. Einem solchen Affront verdankt die Burg Neuhaus als schnell errichteter Wegeposten der Braunschweiger ihre Entstehung – übrigens ein ganz lohnendes Besuchsziel, rund 5 Kilometer östlich der Innenstadt.

Aus der alten Wolfsburg erwuchs im Laufe des 16. Jahrhunderts ein prächtiges Renaissance-Schloss, das noch heute ein imposantes Beispiel für den Wohlstand jener Zeit bietet. Im Schloss ist heute die **Städtische Galerie** mit einer breiten Sammlung von Gegenwartskunst untergebracht, ebenso der Kunstverein, in den Nebengebäuden eine anschauliche Präsentation des **Stadtmuseums**.

Schloss Wolfsburg

▶ Städtische Galerie
Im Schloss
38448 Wolfsburg
Tel. (0 53 61) 82 85 10
Di: 13–20 Uhr
Mi–Fr: 10–17 Uhr
Sa: 13–18 Uhr
So: 10–18 Uhr

▶ Stadtmuseum
Im Schloss (Remise)
38448 Wolfsburg
Tel. (0 53 61) 82 85 40
Di: 13–20 Uhr
Mi–Fr: 10–17 Uhr
Sa: 13–18 Uhr
So: 10–18 Uhr

Eine historische Entwicklungslinie, die in die Entstehung der heutigen Stadt einmündet, gibt es jedoch nicht. Der Standort für das Werk wurde durch Karten- und Luftbildauswertungen gefunden und war bestimmt durch Mittellandkanal und Bahnlinie, nicht weit entfernt von der Reichsautobahn Berlin-Hannover-Ruhrgebiet. Im Gebiet, das für die Stadt vorgesehen war, lebten Ende des Jahres 1937 lediglich 857 Einwohner.

Während die Fabrikanlagen sich über 1,5 Kilometer an der Nordseite des Kanals entlangziehen sollten, war für die Stadt der Raum südlich der Transportwege, rund um den sanft ansteigenden Klieversberg, vorgesehen. Der Entwurf geht auf den österreichischen Architekten Peter Koller zurück, der eine großzügig gegliederte, von zahlreichen Grünanlagen aufgelockerte Stadt plante, die dem Ideal einer Gartenstadt verpflichtet ist.

Der Ausbau der Stadt kam aber bald ins Stocken. Als das Volkswagenwerk 1940 die Produktion aufnahm, baute man anstelle des versprochenen „KdF-Wagens", für den zehntausende Sparer bereits eingezahlt hatten, Militärfahrzeuge und andere Rüstungsgüter. Schon sehr früh wurden ausländische Arbeiter für die Errichtung des Werkes angeworben. Noch 1938 trafen 2400 italienische Bauleute ein. Den anfangs freiwilligen Arbeitskräften folgten im Laufe des Krieges Dienstverpflichtete, Kriegsgefangene sowie KZ-Häftlinge, von denen viele unter den schlimmen Arbeitsbedingungen zu Tode kamen. Im Jahr 1944 waren im Volkswagenwerk 6.000 Deutsche und 11.000 Ausländer eingesetzt. Nach der Befreiung entstanden auch hier sehr ernste Probleme als Ergebnis der Verschleppung der Ausländer („Displaced Persons"; jedoch in weit geringerer Anzahl als in Salzgitter).

Weil seitens der Besatzungsmächte kein ernsthafter Wille zur Werks-Demontage bestand, gelang trotz beträchtlicher Zerstörungen eine schnelle Wiederaufnahme der Produktion. Noch im Jahr 1945 baute VW 1.785 Fahrzeuge für die neuen Machthaber. Bereits 1950 lief der einhunderttausendste

Wagen vom Band, die halbe Million an „Käfern" war 1953 erreicht. Das Volkswagenwerk wurde zum Symbol des Wirtschaftswunders, die Stadt profitierte davon in jeder Hinsicht.

Bei der Expansion Wolfsburgs blieb das Konzept Kollers aus dem Jahr 1938 – nach einem vorübergehenden Reduktionsplan – weitgehend leitend. Die geplante „Stadtkrone" mit den Repräsentationsbauten von Staat und Partei wurde aus dem Konzept gestrichen. Zu den bereits errichteten Teilen gehörte die Siedlung am Steimker Berg für die leitenden Angestellten und ein größeres Viertel nahe der heutigen Schillerstraße. Der Rest der „Stadt" bestand im Wesentlichen aus Barackenunterkünften. Mit steigender Wirtschaftskraft konnten die neuen Wohnviertel realisiert werden: großzügig angelegt, umgeben von reichlich Grünfläche, gegliedert in überschaubare Einheiten, als deren Maß man den Einzugsbereich einer Schule annahm; also etwa 5000 Menschen für eine dieser Nachbarschaften. Da man auf Mobilität setzte, erschien die Entfernung dieser Wohngebiete vom Stadtkern, am weitesten bei den „Trabantenstädten" Detmerode und Westhagen, nicht als Problem, genausowenig wie die Zersiedlung der Landschaft. Was aber als schweres Manko empfunden wurde, war das unwirtliche Zentrum der Stadt an der Porschestraße, die sich fast vom Klieversberg bis zu einem nördlichen Knotenpunkt nahe Bahnhof, Kanal und Werk hinzieht.

Das Bild der Porschestraße hat sich in den letzten drei Jahrzehnten beträchtlich gewandelt. Der Autoverkehr ist weitgehend verbannt worden, die ehemalige Straßenschneise bietet sich jetzt als eine gegliederte Abfolge von Teilräumen dar. Neben das ältere Kulturzentrum, ein vorzügliches Bauwerk des Finnen Alvar Aalto, ist das auffällige **Kunstmuseum** getreten, das sehr beträchtlich zum kulturellen Profil der Stadt beigetragen hat. Das von Stiftungen finanzierte Gebäude bietet rund 3500 Quadratmeter Ausstellungsfläche, die für europaweit beachtete Präsentationen der Moderne genutzt werden.

Man kann dieses Museum, das einen Wal als Wahrzeichen gewählt hat, ganz gut als Testfall für den immer wieder beschworenen Regional-Gedanken nehmen: Braunschweig

▶ Kunstmuseum
Porschestraße 53
38440 Wolfsburg
Tel. (0 53 61) 2 66 90
Di: 11–20 Uhr
Mi–So: 11–18 Uhr
Führungen
Sa: 16 Uhr
So: 13 + 15 Uhr,
im Eintrittspreis enthalten

Kunstmuseum

besitzt ein solches Forum für moderne Kunst nicht, und es wird auch dort bei zunehmender regionaler Vernetzung nicht ein zweites dieser Art benötigt. Dennoch hatte man 2001 im Braunschweiger Rat eine entsprechende Einrichtung beschlossen, die dann aber – glücklicherweise – infolge von Finanznot nicht verwirklicht werden konnte. Solch unsinnige Konkurrenz wird gelegentlich auch von Salzgitter oder Wolfsburg vorgetragen.

Wenn Kunstmuseum, Südkopf-Center und Rathauserweiterung das eine Ende der Porschestraße markieren, ist am anderen Ende das „Phaeno" im Bau, das künftig eine Wissenschaftsvermittlung in entdeckender und spielerischer Weise betreiben wird. Von dort schwingt sich bereits jetzt die Brücke zur sogenannten Autostadt hinüber, die durch ihre Erlebnisangebote der eigentlich wirksame Publikumsmagnet geworden ist. Die dynamische Entwicklung mit einer ganzen Reihe von weiteren neuen Einrichtungen ist auf ein Kooperationsmodell zwischen dem Volkswagen-Konzern und der Stadt zurückzuführen („Wolfsburg AG"). Auch von der Bevölkerung ist dies als ein Zeichen des Aufbruchs verstanden worden, mit dem übergeordneten Ziel, das Wirtschaftsgefüge zu erweitern.

Wolfsburg bleibt als Stadt jedoch abhängig vom Weltkonzern Volkswagen, mit all den Chancen und Risiken, die sich als Folge der wirtschaftlichen Entwicklung ergeben. Der gedankliche Prüfstein lautet: Was wäre, wenn sich die Beschäftigtenzahl bei VW innerhalb von 10 Jahren halbieren sollte? Ist die Großstadt dann ein Fall für den Insolvenzverwalter? Wolfsburgs Stadtbaurat Trommer schrieb 1990 (sinngemäß): Viele Städte sind monostrukturell entstanden, sei es aus besonderer Verkehrsgunst, wegen des Fundes von Bodenschätzen oder durch einen anderen Faktor, und haben sich erst im Laufe jahrhundertelanger Geschichte zu struktureller Vielfalt entwickelt.

Man kann hinzufügen: In diesem Sinne hat Wolfsburg seine Zukunft angesichts einer nicht einmal 70jährigen Geschichte noch vor sich.

Nordöstliche Rundfahrt
Querumer Forst, Staatsforst Lehre, Riddagshausen

Länge ca. 37 km

5

Diese Tour bietet kilometerlange Passagen durch die Waldgebiete nordöstlich von Braunschweig. Die nördliche Waldzone beginnt bereits bei Querum, jenseits der Schunter, und zieht sich fast ohne Unterbrechungen bis Wolfsburg hin; der größere Teil davon ist als Flora-Fauna-Habitat angemeldet worden. Bei Groß Brunsrode liegt für uns diesmal der Wendepunkt. Von dort geht es zunächst in südliche Richtung über Lehre nach Essehof, wo die Fahrt mit einem Besuch des Tierparks kombiniert werden kann. Schließlich gelangen wir am Rande des Naturschutzgebietes Riddagshausen nach Braunschweig zurück.

Die Strecke Wir beginnen unsere Tour am Staatstheater in Braunschweig. Die Jasperallee führt uns durch das östliche Ringgebiet, am Franzschen Feld kurz nach links in die Herzogin-Elisabeth-Straße, rechts in die Grünewaldstraße. Über die Bahn hinweg, dann die Mittelriede und die Wabe, hinter der wir nach links einbiegen. Ampelgesichert über die breite Berliner Straße und in den Karl-Hintze-Weg, auf dem wir fast 1,5 Kilometer dem Wabelauf folgen.

Am Pepperstieg nach links über die Bahnlinie und gleich wieder rechts, weiter durch die Bachaue. An der nächsten Gabelung halten wir uns rechts und überschreiten die Schunter auf einer kleinen Brücke; bald wieder über die Bahn und weiter geradeaus auf dem Wöhrdenweg bis zum Straßenknoten nördlich der Querumer Schunterbrücke. Hier müssen wir nach links in den Waggumer Weg einfädeln. Diese Straße wurde von den Nationalsozialisten als Schnellverbindung zum neuen Flughafen Waggum mitten durch den Querumer Forst geschlagen; mittlerweile ist aber der größere Teil dieser 2 Kilometer langen Trasse zurückgebaut und für den Kraftverkehr gesperrt, so dass sich eine sehr bequeme Radstrecke in Richtung Norden ergibt.

An der A 2 sieht die Sachlage etwas anders aus: Unter der Autobahn hindurch und nach rechts der Eckenerstraße folgen, dann links in die Grasseler Straße, von der wir – knapp vor dem Waggumer Weghaus – in die Landstraße nach Hondelage abbiegen. Die Grasflächen linker Hand gehören noch zur Einflugschneise, der Wald nach links voraus steht in seinem vorderen Teil auf der Wunschliste der Flughafengesellschaft, benötigt zur Landebahnverlängerung. Also: genießen Sie diesen Wald, solange er noch vorhanden ist.

Der „Januskopf" im Querumer Forst

Bereits im Querumer Forst beginnt eine Waldzone, die sich in unterschiedlicher Breite nördlich über dem Schuntertal bis nach Wolfsburg hinzieht. Das sind bis Wolfsburg-Mörse immerhin 15 Kilometer Luftlinie, wobei sich ökologische Barrieren – jenseits von A 2 und Flughafen – auf wenige Landstraßen und eine Bahnlinie beschränken. Dieser Sachverhalt führte zur Benennung als FFH-Gebiet (Flora-Fauna-Habitat).

Groß Brunsrode

Wir nutzen die Chance und können bis zu unserem ersten Etappenziel Groß Brunsrode fast ausschließlich auf Waldwegen radeln.

Zunächst in den Wald hinein Richtung Hondelage. Links neben der Straße ein separierter Radweg, auf dem wir nach 600 Metern einen Stichweg nach links erreichen. Kennzeichen: fester Damm, fast straßenmäßig. Dieser Forstweg bringt uns mit kleinen Verschwenkungen (rechts, links, rechts) über gut 2 Kilometer bis zur nächsten Landstraße (Bevenrode – Hondelage), die wir geradeaus überqueren. Weiter auf festem Fahrdamm, am Waldrand links, über ein kleines Feldstück hinweg, 200 Meter Waldrandweg und nun den querenden Fahrweg links 150 Meter in den Wald hinein und rechts einbiegen. Der gute und abwechslungsreiche Forstweg führt nun über 2,5 Kilometer geradeaus, eine Landstraße wird dabei überwunden. An der ersten echten Verzweigung müssen wir nach links, wobei das weiße X des Fernwanderweges hilft. Gut 200 Meter weiter haben wir die Feldmark von Groß Brunsrode erreicht und gelangen zwischen Feldern und Wiesen hindurch in den Ort hinein.

Kirche in Lehre

Wir nehmen die „Alte Hauptstraße" nach rechts, verlassen Groß Brunsrode und fahren Richtung Lehre. An der Spitze des Waldes biegt die Autostraße nach links um, wir hingegen folgen noch 600 Meter dem Waldrand und schwenken erst dann links auf Lehre zu. Hinter dem alten Bahnhof geht es über die Schunter. Wir halten uns weiter geradeaus: „Zum Börneken" und „Triftweg", hier aber den

Am Tierpark Essehof

▶ Tierpark Essehof
Am Tierpark 3
38165 Lehre-Essehof
Tel. (0 53 09) 88 62
Sommer: täglich 9–19 Uhr
Winter: abends verkürzt

„Fahltweg" nach rechts (der Triftweg führt weiter hinauf zur B 248, zugleich Hauptstraße von Lehre, mehrere Möglichkeiten zur Einkehr). Der Fahltweg verläuft unterhalb des Ortes durch die Schunterniederung. Zuletzt ein kurzer Linksschwenk. Jenseits der B 248, schräg rechts gegenüber, beginnt die Landstraße nach Essehof, das knapp 2 Kilometer weiter auf gesondertem Radweg erreicht ist. Besonderes Ziel in Essehof ist der **Tierpark** (nach Essehof mit Kindern: siehe Tour 4, Wolfsburg). Unseren Rückweg nach Braunschweig setzen wir fort, indem wir gleich am Ortsanfang in den Forstweg nach rechts einbiegen, 500 Meter weiter geht es nach links in den Wald.

An dieser Stelle könnte man sagen: „Folgen Sie dem weißen X auf schwarzem Grund!" – und die Beschreibung bis Schapen aussetzen. Zugegeben, dies ist nicht ganz ernst gemeint, besitzt aber doch einen realen Hintergrund. Es handelt sich um die Kennzeichnung des Europäischen Fernwanderweges Ostsee – Wachau – Adria. Im Gegensatz zu allen Radweg-Ausschilderungen, die meist mehr oder weniger lückig ausfallen, sind die X-Zeichen gut und sinnvoll gesetzt. Und sie werden gepflegt, was für eine verlässliche Wegweisung unabdingbar ist. Zu danken ist da übrigens dem Harzklub.

Fernwanderweg

Dennoch, für alle Fälle: den Waldweg immer geradezu, im Zweifel den festeren Wegedamm wählen. Nach 2 Kilometern tritt der Wald links zurück, hier einbiegen und in die Sandbach-Niederung hinunter. Schließlich rechts auf Volkmarode zu, über den Bach, am Waldrand entlang, eine Pferdeweide umgehend dem Waldrand nach links folgen. Von der Spitze dieses Waldstückes geht es in einem Rechts-links-Schwenk durch Felder auf Schapen zu, wo man an der Durchgangsstraße den „Schradersweg" gegenüber anpeilt. Schradersweg am Ende rechts, Weddeler Straße und Lindenallee bis an den Rand des

Naturschutzgebietes Riddagshausen; als Vorposten ist nach links hinüber bereits die Forschungsstation Alter Bahnhof Schapen zu sehen.

Für diese Tour schlagen wir den „Dr.-Berndt-Weg" vor, der sich an den Nordrand des Teichgebietes hält (Wegealternativen in der Tour 6, Riddagshausen). Dafür geradeaus weiter und am nächsten Wegekreuz leicht links. Im Folgenden immer links halten, so lange bis man den Mittelteich vor sich hat, hier rechts einbiegen und den Fischerweg hinunter. Über den vielbefahrenen Messeweg hinweg, 250 Meter bis zur kleinen Wabebrücke. Es ist nun egal, ob wir den Uferweg vor der Wabe nehmen oder die paar Meter weiter bis zur Mittelriede fahren und erst dort nach rechts einschwenken. In beiden Fällen gelangen wir bachbegleitend zum Ende der Grünewaldstraße, die uns nach links ins östliche Ringgebiet zurückbringt.

Niederung am Sandbach

Die Landschaft Die vorgeschlagene Route führt zum größten Teil durch Wald. Vom Flughafen Braunschweig bis Groß Brunsrode hat man 7 Kilometer Waldtour vor sich, Verkehrsberührung nur beim Überqueren von zwei Landstraßen. Auf der Rückfahrt bietet sich von Essehof aus eine längere Fahrt durch einen Forst, während andere Wegstücke sich an den Waldrändern bei Volkmarode und Schapen orientieren.

Sucht man eine Gesamtbezeichnung für dieses Gebiet, so müsste man es „das Waldland an der mittleren Schunter" nennen. Der Wald setzt auf den sanften Hängen oberhalb der Schunter an und folgt dann der nicht allzu breiten Talung mit einigen Vor- und Rücksprüngen über etliche Kilometer. Einen sehr viel kleineren Einschnitt zwischen größeren Waldstücken bildet das hübsche Tälchen des Sandbaches westlich von Hordorf, das von Wiesenstücken begleitet wird; ein ähnliches Bild zeichnet sich in der Niederung des Weddeler Grabens ab, wird schließlich aber durch das Teichgebiet von Riddagshausen in gänzlich anderer Weise überformt.

Die Schunter bei Lehre

Das Flüsschen Schunter entspringt am Osthang des Elm und erreicht nach 60 Kilometern Lauflänge die Oker bei Walle. Obwohl es sich um einen Tieflandfluss handelt, auf den sich Einflüsse wie rasche Schneeschmelze oder Gebirgsregen kaum auswirken, kann die Schunter doch bei bestimmten Witterungslagen zu einem außerordentlich kräftigen Gewässer anschwellen. Dies tritt beispielsweise nach mehrtägigen sommerlichen Regenfällen ein, so im Juli 2002, wo die Wassermassen das Tal in einer Breite von 200 bis 400 Metern bedeckten. Stellenweise mussten Notdämme aus Sandsäcken errichtet werden. Wenn auch der Schunterlauf in seiner Generalrichtung nach Westen zielt, so zeigt sich auf der Landkarte, dass diese Richtung nur tendenziell eingehalten wird. Vielmehr strebt der Fluss zunächst weit nach Norden, um dann bei Hattorf (bereits Wolfsburger Stadtgebiet) nach Südwesten umzubiegen. Das damit eingeschlossene Gebiet wird als „Schunterbogen" bezeichnet. Der untere Abschnitt der Talung öffnet also zugleich die Verkehrsrichtung von Braunschweig nach Wolfsburg, oder – wenn man die älteren Fernwege betrachtet – in Richtung Altmark.

Radtour im Mai

Aus mehreren Gründen empfiehlt es sich, die Wälder innerhalb des Schunterbogens, also südlich des Flusses, und diejenigen im Norden getrennt zu betrachten. Nördlich der Talung sind es vor allem die bis dicht unter der Oberfläche anstehenden Juratone, die eine Nutzung des Waldgürtels durch die Landwirtschaft sehr schwierig gestalteten. Gerade in dieser Zone häufen sich auch die Ortsnamen mit dem Grundwort -rode. Bevenrode, Essenrode, Groß und Klein Brunsrode liegen alle direkt dem Waldgürtel benachbart. Überraschend mag dabei sein, dass auch die heutigen Waldflächen, die wie der Rest eines uralten Waldgebietes erscheinen, irgendwann einmal Ackerland getragen haben. Davon ausgenommen sind allein Teile des Querumer Forstes sowie kleine Flächen bei Bevenrode. Nachweisbar wird die einstige Kultivierung durch die Wölbäcker, die als erhöhte Hügelbeete unter dem Wald zu erkennen sind und auf die mittelalterliche

Technik der Feldbearbeitung, zugleich der Besitzparzellierung, zurückgehen (auf der Rückfahrt Tour 4, Wolfsburg, wird ein Waldstück südwestlich von Mörse durchquert, das solche Wölbäcker in sehr deutlicher Weise zeigt). Im Allgemeinen wird die Aufgabe von Feldflächen auf dem Hintergrund des spätmittelalterlichen Wüstungsvorganges gesehen, in dem gebietsweise bis über 50 % der einst vorhandenen Dörfer aufgegeben wurden. Das wird auch hier im Kern zutreffen. In Einzelfällen konnte jedoch eine Beackerung noch für das 18. Jahrhundert nachgewiesen werden.

Die durchgängige Waldzone zwischen Braunschweig-Querum und Wolfsburg-Mörse ist bereits früh vom Land Niedersachsen für das FFH-Programm der Europäischen Union benannt worden. Mit diesen „Flora-Fauna-Habitaten" soll insbesondere die Vernetzung von naturnahen Gebieten gefördert werden. Im Einzelnen aber haben starke Interessengruppen ihren Einfluss geltend gemacht, um eine zukünftige Verwertung offenzuhalten. Wer sich die Abgrenzung des FFH-Gebietes „Eichen-Hainbuchenwälder zwischen Braunschweig und Wolfsburg" genauer ansieht, entdeckt, dass die für den Flughafenausbau notwendigen Gebietsteile zwischen Querum und Bevenrode sorgsam ausgespart worden sind.

Eichen-Hainbuchen-Wald

Was die Waldungen innerhalb des Schunterbogens angeht, so liegen bereits die geologischen Voraussetzungen etwas anders. Zwar werden auch hier wasserstauende Tongesteine des Untergrundes stellenweise wirksam, aber auf beträchtlichen Flächen sind eiszeitliche Bildungen vorherrschend. Zum Teil handelt es sich um eine verarmte Grundmoräne, daneben treten sandige Kuppen und Ebenheiten auf. Im mittleren und südlichen Teil des „Beienroder Holzes", so die kartografische Bezeichnung, konnte die historisch-geografische Forschung ein großes Waldstück ausmachen, das keinerlei ältere Ackerspuren trägt. Dieser Waldbezirk wird meist als Kampstüh bezeichnet (Durchquerung bei Tour 4). Dort trifft man auf besondere Zeugen der älteren Landnutzung in Gestalt der Uralt-Eichen, die als ehemals mächtige Bäume heute ihrem Verfall entgegensehen. Das Alter dieser Baumriesen wird auf mindestens 600 Jahre geschätzt. Sie bilden die Überreste einer sehr ausgedehnten Waldhude, die von elf umliegenden Dörfern und der Gutswirtschaft Campen bei

Flechtorf genutzt wurde. Den Eichen fiel in solchen Hudewäldern eine besonders wichtige Rolle zu, da die Schweinemast ohne den Ertrag an Eicheln nicht möglich war. Um diesen Ertrag zu steigern, sorgte man dafür, dass die Eichbäume freiständig mit möglichst breiten Kronen aufwuchsen.

Der Kampstüh ist eigentlich nur ein Teil des sich einst auf 10 x 6 Kilometer hinziehenden „Lehrer Wohldes", der sich südlich weit bis in die Schandelaher Mulde erstreckte. Der Ort Essehof (auf dieser Tour berührt) wirkt wie ein vorgeschobener Posten im ehemaligen Waldland. Das Ende dieses riesigen Waldbezirkes brachte die sogenannte Separation im 19. Jahrhundert. Die Weideberechtigungen der Dörfer, die bei starkem Vieheintrieb zu einer Art halboffener Graslandschaft geführt hatten, ließen sich nur ablösen, wenn man den Bauerngemeinden die randlichen Teile des Waldes zu Eigentum übergab. Während nun im Inneren des Gebietes eine intensive staatliche Waldpflege einsetzte, wurden die übergebenen Flächen meistens unter den Bauern aufgeteilt und anschließend in Wiesen und Ackerland umgewandelt.

Bei Groß Brunsrode

Riddagshausen: Auf den Spuren der Mönche

Rundfahrt ca. 12 km,
längere Variante
mit Buchhorst ca. 14 km

6

Im 12. Jahrhundert errichteten Zisterzienser-Mönche in Riddagshausen ein Kloster und begannen, in den versumpften Niederungen Fischteiche anzulegen. Trotz der Nähe zur Stadt hat das Gesamtgebiet, zu dem auch der Wald Buchhorst gehört, seinen besonderen Charakter bewahrt.

Heutzutage treffen in Riddagshausen Interessen aufeinander, die kaum zueinander passen. Zum einen ist die Teichlandschaft wichtigster Bestandteil eines ausgewiesenen Naturschutzgebietes, sogar Europa-Reservat, das zahlreichen Vögeln und Amphibien den knapper werdenden Lebensraum erhalten soll. Zum anderen dient es als Naherholungsgebiet für die Braunschweiger Bevölkerung, besonders an den Wochenenden. Beides ist dann miteinander vereinbar, wenn sich die Besucher zurückhaltend durch die Natur bewegen.

Die Strecke Der kürzeste Weg aus der Braunschweiger Innenstadt nach Riddagshausen folgt zunächst der Helmstedter Straße, dann der Kastanienallee und geht schließlich entlang der Ebertallee mitten durch den Prinz-Albrecht-Park („Prinzenpark"). Wir nehmen aber diesmal die weniger bekannte Route „an der Rückseite". Dazu biegen wir vor dem Park in die Herzogin-Elisabeth-Straße nach rechts ein und können uns nun immer am Rand der Grünanlage entlang bewegen. An der Georg-Westermann-Allee biegen wir nach links um und erreichen bald die Bahnschranke am Brodweg. Über die Gleise hinweg, kurzes Stück Brodweg rechts, dann gleich links in den „Riddagshäuser Weg". In der Ferne können wir schon den spitzen Dachreiter der Klosterkirche entdecken, dort liegt unser erstes Etappenziel.

Der Riddagshäuser Weg führt zwischen Sportanlagen und Kleingärten hindurch. Nach rechts sehen wir auf der Lünischhöhe eine 300 Jahre alte Bockwindmühle stehen. Sie stammt aus Remlingen an der Asse und wurde 1979 hier wieder aufgerichtet. Dann überquert man die Neue und die Alte Mittelriede und gelangt durch ein schmiedeeisernes Tor in den inneren Bereich des ehemaligen Zisterzienser-Klosters (an der äußeren Seite der Klostermauer verläuft der „Kleidersellerweg" in Richtung Gasthaus Grüner Jäger, den Wilhelm Raabe oft und gerne mit seinen Freunden benutzt hat).

Es ist vor allem die imposante Klosterkirche, die zu einer Besichtigung einlädt. Daneben sollte man aber auch das kleine Museum zur Ordensgeschichte, untergebracht im Torhaus, nicht übersehen.

Riddagshausen, „Zwischen den Bächen"

Zur Weiterfahrt verlässt man das Klostergelände durch das mittelalterliche Torhaus nach Norden. An der ersten Kreuzung bietet sich nach links über die Neuhofstraße ein Abstecher in die Ortschaft Riddagshausen an: nach 200 Metern gelangt man zu einem museumsartigen Ensemble aus Fachwerkhäusern („Zwischen den Bächen"). Das nächste

Ziel, den Kreuzteich, kann man von dort über die Johanniterstraße nach rechts erreichen, oder man nimmt den Klostergang weiter in gerader Richtung, muss dann allerdings die Einbahnstraßenregelung beachten. Nach Überquerung der Ebertallee stehen wir am Anfang des Dr.-Willke-Weges, der als der klassische Ausgangspunkt für Spaziergänge durch das Teichgebiet gilt.

Als Fahrradfahrer müssen wir uns zwischen den vorderen Teichen auf verschiedene Einschränkungen gefasst machen, die durch die Ausweisung von Fußgängerwegen entstehen. Der Sinn dieser Regelungen wird insbesondere an Wochenenden deutlich, wenn zahlreiche Besucher gerade im ortsnahen Bereich unterwegs sind. Für Radfahrer ist aber stets eine nahegelegene Alternativ-Route vorhanden. Natürlich ist auch dort Rücksicht auf Spaziergänger geboten. Und außerdem: Wer die Natur genießen will, muss sowieso langsam fahren, und ein kleines Stückchen Schieben schadet in diesem Sinne auch nicht, oder?

Am Schapenbruchteich

Unser Radweg-Vorschlag führt im großen Bogen um das Teichgebiet herum. Zunächst nach links durch eine Allee am Kreuzteich entlang, über den Teichdamm und dann rechts in den Fischerweg. Hier beginnt das Naturschutzgebiet; nähere Erläuterungen finden sich auf den Informationstafeln. Auf dem Fischerweg erreichen wir den zweiten Teichdamm, der Kreuz- und Mittelteich voneinander trennt. Wir fahren weiter geradeaus und entdecken links eine kleine neue Brücke, die uns zum Ortsrand von Gliesmarode und zum nördlichen Randweg hinübergeleiten wird. Vorher können wir aber noch einen Abstecher zum Haus des Teichwirtes am dritten Teichdamm unternehmen; dort beginnt der große Schapenbruchteich, dessen hinterer Rand sich in einem breiten Schilfgürtel verliert. An diesem Teichdamm, an seinem südlichen Abschnitt, befindet sich ein Beobachtungsturm, der einen weiten Ausblick über die Wasserlandschaft erlaubt.

Wir folgen jedoch dem nördlichen Randweg. Vom Ortsteil Gliesmarode sehen wir nur wenige Häuser, dann führt die Route zwischen Äckern und Wiesen und den Ausläufern des

Feuchtwaldes hindurch (Dr.-Berndt-Weg). Die Fahranweisung ist einfach: immer rechts halten. Nach knapp 2 Kilometern sind wir dem Ort Schapen schon nahe, der Weg gabelt sich und führt nach rechts in einem sanften Bogen durch den Wald. Wir sind auf die Trasse der Schöninger Eisenbahn eingeschwenkt, obwohl Schienen nicht mehr zu entdecken sind. Bis zum nächsten Bahnhof ist es nicht weit: ein Schild verkündet „Schapen", auch wenn der letzte Zug vor ungefähr 30 Jahren abgefahren ist. Geblieben ist das Ausflugslokal „Schäfersruh" mit seinem altertümlichen Charme.

Auf unserer Teichrunde geht es weiter geradeaus, nun bereits am östlichen Rand des Naturschutzgebietes entlang. Nach 250 Metern gabelt sich der Weg, und wir stehen vor der Entscheidungsfrage, wie lang die Spazierfahrt dauern soll. Die kürzere Variante folgt der Niederung des Weddeler Grabens bis zum Kreuzteich; dafür hält man sich zweimal rechts (die schon bekannten Teichdämme sieht man dann später von ihrer südlichen Seite). Oder doch noch hinüber in das Waldgebiet Buchhorst, dann weiter geradeaus auf dem Dammweg bis zum Waldrand. Die Buchhorst ist ein mehrere hundert Hektar großes Schutzgebiet, das bereits seit 1936 die Ergänzung der inneren Reservatszone bildet. Trotz der respektablen Größe ist in diesem vorderen Teil ein Verirren nicht zu befürchten, denn die Grenzen sind klar ausgebildet: östlich die Wiesen von Weddel, südlich die Fernbahnlinie und südwestlich die Ebertallee. Nicht weit vom Bahnübergang der Ebertallee liegen der ehemalige Reichsjägerhof und das Ausflugslokal „Grüner Jäger". Zwischen beiden erstreckt sich der 1838 gegründete Forstgarten („Arboretum"), in dem Laub- und Nadelbäume aus aller Welt zu besichtigen sind.

Zur Durchquerung der Buchhorst ist demnach eine besondere Anleitung nicht nötig. Mit Ziel Grüner Jäger fährt man geradezu und hält sich irgendwann nach rechts hinüber. Ansonsten steht das Wegenetz für künftige Entdeckungen zur Verfügung. Erwähnt werden soll aber noch, dass sich die Buchhorst südlich der Bahnlinie fortsetzt; man gelangt dann bis nach Klein Schöppenstedt bzw. bis zur Bundesstraße 1.

Am Wabebach

Für die Rückfahrt nach Riddagshausen bietet sich als kurze Verbindung der Radweg neben der Ebertallee an. Diese Straße führt uns wieder am Kreuzteich vorbei, durch den Ort hindurch und weiter Richtung Innenstadt. Am Prinzenpark angelangt, kann man – je nach gewünschter Richtung – noch eine letzte Schleife durch die gestaltete Parklandschaft anschließen.

Die Landschaft Für den Besucher entsteht der Eindruck, in Riddagshausen ein noch unberührtes Stück Natur zu erleben. Tatsächlich aber wurde die ehemalige Bruchlandschaft seit der Mitte des 12. Jahrhunderts von Zisterzienser-Mönchen bewirtschaftet. Sie legten die Fischteiche an, rodeten große Teile des Waldes, wandelten die Naturlandschaft in Äcker und Wiesen um. Im Laufe der Jahrhunderte verfiel ein Teil des Klosterbesitzes, die Natur holte einiges von „ihrem" Besitz zurück.

Früh erkannten die Braunschweiger die Bedeutung dieser vielseitigen Landschaft. Beobachtungen der Vogelwelt sind seit über 150 Jahren dokumentiert, Naturschützer retteten das Gebiet vor geplanter Bebauung. Besonders Dr. Otto Willke, ein praktischer Arzt aus Braunschweig, ist dabei zu nennen. Er hatte 1913 eine Ortsgruppe des „Deutschen Bundes für Naturschutz" gegründet und war seit 1933 Landesbeauftragter für Naturschutz. Unter seiner Beteiligung wurde das Gebiet Riddagshausen 1936 offiziell zum Naturschutzgebiet erklärt.

Das Naturschutzgebiet umfaßt heute rund 500 Hektar. Es besteht aus abwechslungsreicher Wald-, Teich- und Sumpflandschaft. Von den elf Teichen in der Kernzone ist der Schapenbruchteich mit 63 Hektar Größe der bedeutendste, allerdings sind etwa drei Viertel seiner Fläche in Verlandung begriffen. Sichtbar wird dieser Vorgang durch die ausgedehnten Schilfbestände. Dieser Teil des Naturschutzgebietes bietet vielen der fast einhundert Vogelarten ideale Brutbedingungen. In den Zeiten des Vogelzuges dient Riddagshausen außerdem durchziehenden Arten als Rastplatz. Auch Frösche, Kröten, Eidechsen und andere Amphibien wissen das sumpfige Gelände zu schätzen. Um den Tieren ausreichende Ruhezonen zu schaffen, wurde ein früher nördlich zum Reinertsteich führender Weg aufgehoben.

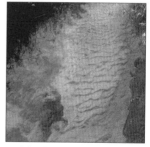

Mal durch klares Wasser schauen

Stockente und Blesshuhn sind die beiden häufigsten Vogelarten in Riddagshausen. Ab 1966 wurden auch die bereits verschwundenen Graugänse wieder angesiedelt. Eher selten wird man die Rohrsänger, Haubentaucher, Teichhühner, Reiher und etliche andere Arten zu Gesicht bekommen. Der Vogelfreund muß dazu schon mit Fernglas, Bestimmungsbuch und einiger Geduld ausgerüstet sein. Mittlerweile erleichtert eine Beobachtungsplattform die Aussicht über die weite Fläche des Schapenbruchteiches. Auch wenn der Hinweis überflüssig erscheint, da von der Sache her den meisten bekannt: Es ist im Naturschutzgebiet verboten, die Wege zu verlassen.

Der südlich anschließende Teil der Buchhorst gehört bis zur Bahnlinie ebenfalls zum Kern des Naturschutzgebietes, jenseits davon ist der Wald als Landschaftsschutzgebiet deklariert. Aus dem Namen ist abzuleiten, dass hier einst die (Rot-) Buche herrschend war; im Laufe der Zeit hat sich der Forst jedoch zu einem Mischwald gewandelt. Die Bestände an Nadelholz gelten heute als standortfremd. Anders zu beurteilen sind die fremden Baumarten in dem wissenschaftlichen Forstgarten nahe dem „Grünen Jäger". Das 1838 gegründete „Arboretum" vereint Gehölze aus der ganzen Welt und kann als botanischer Garten unsere Kenntnisse erweitern.

Sehen und gesehen werden

Teichlandschaft

Geschichte Die Geschichte Riddagshausens ist untrennbar mit dem ehemaligen Zisterzienser-Kloster verbunden. Die Mönche waren es, welche die unzugängliche und bis ins 12. Jahrhundert hinein ungenutzte Bruchlandschaft kultivierten.

Der Orden der Zisterzienser hatte sich als Reformbewegung aus den Benediktinern Ende des 11. Jahrhunderts in Citeaux gebildet und expandierte zu Beginn des 12. Jahrhunderts sehr schnell in fast alle europäischen Nachbarländer. In Amelungsborn bei Holzminden errichteten die Zisterzienser 1135 ein Kloster, von hier aus zogen Mönche zehn Jahre später nach Riddagshausen. Ludolf von Wenden war der Stifter des hiesigen Klosters, nach der Schenkung trat er selbst dem Orden bei. Auch in Heinrich dem Löwen fanden die Mönche einen Unterstützer. Das Riddagshäuser Kloster konnte seine Ländereien bis ins 14. Jahrhundert stetig erweitern. Schließlich umfasste der Klosterbesitz 3750 Hektar Land.

Als die Reformation in den 20er Jahren des 16. Jahrhunderts in Braunschweig Fuß fasste, wurde das Kloster schnell in die Auseinandersetzungen um den „rechten Glauben" hineingezogen. Die

Kloster Riddagshausen, Torhaus und Frauenkapelle

wiederholten Plünderungen, die man in Riddagshausen erlebte, besaßen jedoch einen anderen Grund: Bei den Belagerungen der Stadt durch die Landesherren, die ihren Herrschaftsanspruch durchsetzen wollten, richteten diese regelmäßig ihr Hauptquartier im Klosterbezirk ein. Die „Gastfreundschaft" wurde seitens der Braunschweiger Bürger im Anschluss an die Kampfhandlungen übel vergolten; kurzum, man zog nach Riddagshausen und richtete dort möglichst große Schäden an.

An der Klostermauer: Wilhelm Raabe

▶ Zisterziensermuseum
Riddagshausen
Klostergang 64
38104 Braunschweig
Tel. (05 31) 37 22 53
Sa: 12–17 Uhr
So: 12–17 Uhr

▶ Klosterkirche
Di–Sa: 10–16 Uhr
So: 12–16 Uhr
Mo: geschlossen

Erstaunlicherweise erhielt sich eine klosterähnliche Institution auch unter evangelischer Landesherrschaft, sogar das Amt eines Abtes überdauerte die Zeiten. Allerdings wandelte sich die Einrichtung nun in eine höhere Schule, die stets einem reformatorisch-humanistischen Bildungsideal verpflichtet blieb.

Die ehemalige Eigenwirtschaft des Klosters nahm aber bald eine gesonderte Entwicklung. Das Klostergut wurde in eine Domäne umgewandelt, die Ländereien verpachtet. 1822 erfolgte die Vereinigung der Klosterdomäne mit dem anliegenden Ort Neuhof zur Gemeinde Riddagshausen-Neuhof, diese wiederum wurde 1934 der Stadt Braunschweig eingemeindet.

Der frühere Klosterbezirk ist noch in weiten Teilen erhalten. Dazu zählen neben der Abteikirche die Klostermauer, die den gesamten Bereich umschließt, und das Klostertor aus dem 13. Jahrhundert. Teile des Torgebäudes stammen noch aus dem 12. Jahrhundert und sind damit die ältesten Zeugnisse der gesamten Anlage. Das Tor war mit einem Pförtner besetzt. Frauen durften das Klostergelände nicht betreten, für sie gab es eine kleine dem Pförtnerhaus angeschlossene Kapelle. Der kleine Rundbogen im Tor bildete ursprünglich den Eingang zu Gästezimmern für Pilger und Arme. Heute ist in dem Torgebäude das **Zisterziensermuseum** untergebracht, welches über die Ordensgeschichte und die Entwicklung der Riddagshäuser Abtei informiert.

Der ehemalige Wirtschaftshof mit Fachwerkhäusern, Stallungen und Scheunen wurde zu einem Fortbildungszentrum des Volkswagenwerks umgebaut, das heute „Marketing Management Institut" heißt.

Von der eigentlichen Klosteranlage ist nur noch die **Kirche** erhalten geblieben. Mit dem Bau wurde um das Jahr 1220 begonnen, man errichtete zuerst Chor und Chorumgang und baute dann das Langhaus nach Westen weiter. Verwendet wurden Rogenstein vom Nussberg und Kalkstein aus dem Elm. Die Einweihung fand 1275 statt.

Die Architektur ist in ihren wesentlichen Teilen einfach und schmucklos gehalten. Charakteristisch für Zisterzienser-Kirchen ist der Verzicht auf einen Glockenturm. Die Klosterkirche besitzt lediglich einen hölzernen Dachreiter mit

Glocke über der Vierung, der aus dem 17. Jahrhundert stammt. Dem Querhaus und Chor schließt sich nach Osten ein Chorumgang an, der wiederum von einem Kranz von 14 kleinen Kapellen umgeben ist. In die Kapellen konnten sich die Mönche zur Andacht zurückziehen. Aus dieser Gliederung ergibt sich die Höhenstaffelung am Außenbauwerk, aus der sich der hohe Chor in eindrucksvoller Größe heraushebt. Das in das Mittelschiff führende Portal im Westen ist am aufwändigsten gestaltet. Eine Madonna mit Jesuskind von 1270 krönt den Bogen über dem spitz zulaufenden doppeltürigen Portal. Der eigentliche Zugang für die Mönche ist noch außen am südlichen Querhaus zu erkennen. Hier schloss sich einst die große Abtei mit Sälen, Bibliothek, Kreuzgang und Schlafräumen der Mönche an, die heute nur noch auf Zeichnungen und in Modellen überliefert ist. Die Gebäude wurden 1852/53 abgebrochen.

Die Ausstattung der Kirche ist wesentlich jünger als die Architektur, was auf die erwähnten Plünderungen zurückzuführen ist. Dazu zählen der Taufstein von 1562, die Kanzel von 1622 und der barocke Hochaltar von 1735, welcher 1975 nach Restaurierungen neu aufgestellt wurde. Südlich der Kirche wurde an der Stelle des Gutspächterhauses ein Neubau errichtet, jetzt von der Diakonie genutzt. Das dort eingefügte Portal bildete bis zur Kriegszerstörung Braunschweigs den reich verzierten Eingang eines Patrizierhauses.

Das auffällige Renaissance-Portal und die an der Fahrtroute gelegene Bockwindmühle sind nicht die einzigen „Importe" in Riddagshausen: Westlich der Klostermauern, nur zwei Straßen weiter „Zwischen den Bächen", findet man sechs umgesetzte Bauernhäuser, die für den Zeitraum 16. bis 18. Jahrhundert stehen.

Klosterkirche, Portal und Westfenster

Die Nordseite der Kirche mit altem Baumbestand

Go East: Über den Dorm ins ehemalige Grenzgebiet

Kleine Rundfahrt Königslutter 50 km,
große Rundfahrt über den Dorm ca. 65 km.
Helmstedt ca. 45 km (bis Bahnhof).

Östlich von Braunschweig leitet eine sanft wellige Ebene in den Naturpark Elm-Lappwald über. Man erlebt eine leicht verträumte Welt kleiner Ortschaften; Wiesen, Felder und einzelne Waldstücke prägen diese Landschaft. Noch, muss man sagen, denn die Vorboten der A39 haben Cremlingen bereits erreicht. Die vorgeschlagene Strecke eignet sich für fortgeschrittene RadlerInnen, die längere Touren fahren wollen. Ohne „Bergprüfung" empfiehlt sich die Route südlich am Rieseberger Moor entlang mit Ziel Königslutter. Die Schleife über den Dorm hinweg bietet dagegen schon einen Vorgeschmack auf das Hügelland. Ob man von Süpplingenburg, der Heimat Kaiser Lothars, noch nach Helmstedt hinübersteuert, ist eher eine Frage der Neugier. Dann sollte aber eine Rückfahrt per Bahn eingeplant werden.

Die Strecke Die Innenstadt Braunschweigs verlassen wir in Richtung Nordosten über die Fallersleber und Gliesmaroder Straße. Diese ändert jenseits der Eisenbahnbrücke ihren Namen in Berliner Straße, der wir über knapp 2,5 km bis zum Abzweig nach Schapen folgen; dort dann rechts. Nach einem ganz kurzen Stück Landstraße zweigt der Radweg nach rechts ab und nutzt eine alte Bahntrasse. Knapp vor Schapen links halten und über die „Lindenallee" in den Ort hinein, geradeaus in die Weddeler Straße, Schradersweg nach links und an dessen Ende in die Hordorfer Straße nach rechts. Damit ist das Ziel angegeben.

Unser Weg führt nun in die offene Feldmark, dann zwischen den Waldstücken Gräfenhoop und Osterholz hindurch in die Niederung des Sandbaches hinunter und von dort wieder Richtung Ost nach Hordorf. Wir durchfahren den Ort auf der Zollstraße.

Nun haben wir eine weite Strecke durch eine flachwellige Landschaftspartie vor uns. Jenseits der Bahnlinie nach Wolfsburg („Weddeler Schleife") weisen Schilder links und rechts einen Truppenübungsplatz aus, dessen Nutzung aber inzwischen eingeschränkt ist. Dieses Gebiet besitzt für die Raumordnungsplanung noch eine andere Bedeutung, denn knapp unter der Oberfläche steht als Gestein der sogenannte Ölschiefer an, der als Rohstoffreserve betrachtet wird. Es hat verschiedene Versuche mit der technischen Ölgewinnung gegeben, unter anderem in der Zeit des Dritten Reiches. An die Leiden der dabei eingesetzten Häftlinge erinnert ein Gedenkstein, der sich an einem Parkplatz knapp vor der Siedlung Wohld befindet.

Hinter dieser Siedlung wird in einigen Jahren, sofern nicht noch ein Wunder passiert, die Trasse der A 39 verlaufen. Diese Autobahn soll eine weitere Verbindung von Wolfsburg nach Braunschweig schaffen, obwohl eine solche bereits über A 2 und A 391 besteht. Ganz nebenbei wird die landschaftliche Verbindung von Riddagshausen zum östlichen und südlichen Umland gekappt.

Von Wohld kommend gelangen wir nach Scheppau, biegen nach links in das Dörfchen ein und fahren auf der Hauptstraße durch den Ort hindurch („Zum Heeg", „Zum Rieseberg"). Den steilen Aufstieg auf den Rieseberg schenken wir uns, obwohl sich von dort oben eine schöne Aussicht bietet. Wir bleiben am Rande der Scheppau-Niederung, die sich nach links durch Weidenbüsche und Schilfbestände abzeichnet, halten uns an den Abzweigen nach Rotenkamp stets rechts und erreichen den Ort Rieseberg. Wir sollten dort von der Hauptstraße („Riesebergblick") einen kleinen Abstecher in das alte Dorf unternehmen, das nach links („Im Kirchwinkel") zu erreichen ist. Es handelt sich hierbei um ein Sackgassendorf, das auch heute noch gemeinsame Merkmale mit den Rundlingssiedlungen des Wendlandes aufweist.

Das nächste Etappenziel heißt Beienrode am Dorm. Der gerade Weg dorthin wäre nicht besonders weit, dazwischen aber liegt das Rieseberger Moor, das nur mit einiger Erfahrung oder sehr guten Karten zu begehen ist. Die nördliche Route drumherum ist historisch interessanter, die südliche ist landschaftlich reizvoller – wir beschreiben beide Varianten. Übrigens können diejenigen, die sich schon etwas ermattet fühlen, an dieser Stelle die Tour sinnvoll verkürzen, indem sie den Südweg nehmen; ohne abzubiegen kommt man geradewegs zum Bahnhof Königslutter. Von dort die Rückfahrt per Rad (siehe unten), oder mit der DB.

Landschaft östlich von Braunschweig

Nordöstlich geht es von Rieseberg nach Ochsendorf. Am Pappelhof, Stichstraße nach rechts, ereignete sich 1933 eine schreckliche Geschichte, an die eine Gedenktafel erinnert. Dagegen vergleichsweise harmlos an der Hauptstraße das Gasthaus „Zur Glüsig", eine alte Zollstation und ehedem gern besuchter Schmugglertreff. Ochsendorf, jenseits von Schunter und Mühlgraben, gehörte bereits zu Lüneburg bzw. zu Hannover. Die ehemalige Archidiakonatskirche zeigt die landschaftstypische Romanik, zu erreichen den Hang hinauf und dann nach links in die „Alte Dorfstraße". Biegt man hier jedoch nach rechts ein, gelangt man über die „Neulandstraße" (rechts) wieder zur Schunter, an der ein Feldweg über knapp 2 Kilometer bis nach Beienrode führt. Rechts dann die kleine Dorfkirche und das ehemalige Rittergut.

Um das Rieseberger Moor südlich zu umfahren, nimmt man in Rieseberg die Straße zum Sportplatz (ausgeschildert; beginnt gegenüber der Zufahrt ins alte Dorf). Am Sportplatz treffen wir auf erste Dünenkuppen, dort dann auch Trockenrasen-Vegetation. Durch ein Wäldchen führt der Weg in die feuchte Niederung hinein, wobei wir nach links den Randbereich der Niedermoor-Landschaft im Blick haben. Über einen weiteren Sandrücken mit einigen Kiefern, den „Heiligen Berg", geht es auf den Wald zu. Wir können nun am Waldrand nach links abbiegen und erreichen, diesem folgend, die Landstraße Königslutter – Ochsendorf. Wer jedoch noch eine nette Stein-Sammlung besichtigen will („Findlingsgarten"), sollte 300 Meter in den Wald hineinfahren und dann erst links einbiegen. In beiden Fällen an der Landstraße nach links, dann bald der Abzweig rechts nach Beienrode, wo wir – nach Überquerung der Schunter – am Rittergut ankommen.

Beienrode ist seit dem späten 19. Jahrhundert stark durch den Kalibergbau geprägt. Man nimmt dies wahr, wenn man sich auf der Hauptstraße in Richtung Oberdorf bewegt: vorbei an der Bergmannsstraße mit entsprechenden Häusern, an der Direktorenvilla, und dann auch am „Schachtweg", in den wir nach rechts einbiegen. Wer vorher noch die alte Halde sehen will, sollte schnell mal 200 Meter in Richtung Uhry radeln. Der Schachtweg führt bergauf. Links geht es holperig zum ehemaligen Bergwerk hinauf (Wasserturm, Schachtverschlüsse) – wir bleiben aber auf der Teerstraße „Dormweg", die hinter den letzten Häusern zum Feldweg wird. Weiter bergauf, besser schiebend, gelangen wir zu einem Abzweig, an dem wir uns links halten und so den Kamm gewinnen, der uns nach Norden eine tolle Aussicht bis zu den Glassandgruben von Uhry beschert.

Der weitgehend bewaldete Höhenzug erstreckt sich von Nord-West nach Süd-Ost. Die meisten Wege folgen dieser Richtung und insofern könnte man sagen: ungefähr 4,5 Kilometer, und man landet irgendwo nördlich von Süpplingenburg, dem nächsten Ziel. Dennoch einen Vorschlag. Der eingeschlagene Weg trifft bald auf einen guten Forstweg. Diesen knapp 200 Meter nach rechts und dann – in einer abwärts führenden Kurve – nach links. Jetzt können wir wirklich 2,5 Kilometer fast geradeaus, zuerst höhenliniengleich und dann abwärts den Dorm durchmessen. Der geteerte Forstweg biegt dann nach rechts um und bringt uns zur Landstraße; dort nach links. Schon aus einiger Entfernung sieht man die romanische Stiftskirche, ohne Turm, aber mit einem markanten Dachreiter. Dies ist die Stätte der alten Burg, der Stammsitz Kaiser Lothars III. (siehe „Geschichte"). Der Weg dorthin ist einfach, im Dorf immer rechts halten.

Nach einer Besichtigung ist eine Entscheidung fällig: Noch nach Helmstedt, dann zurück zum „Lindenplatz" und den Wegweisern folgend Richtung Emmerstedt (weitere Weg-Beschreibung am Textende). Oder die Rückfahrt nach Braunschweig über Königslutter. Dafür setzt man den eingeschlagenen Weg fort und verlässt Süpplingenburg in westliche Richtung. Über Schickelsheim (hier endlich wieder ein Radweg) und vorbei an Rottorf bis zum Ortseingang Königslutter, mehrfach mit schönen weiten Ausblicken, vor allem zum Dorm hinüber mit dem vorgelagerten Dorf Groß Steinum. In Königslutter über die Bahn, dann rechts in die Arndtstraße, bis zur Ampelkreuzung, gerade weiter „Am Pastorenkamp" bis zur Bahnhofstraße. Nach links geht es zur Bundesstraße 1 und weiter geradeaus zum Marktplatz des kleinen Städtchens, nach rechts zum Bahnhof. Näheres zur Stadt Königslutter findet sich im Geschichtskapitel von Tour 8, die in den Elm führt.

Am Markt in Königslutter

Vom Bahnhof Königslutter zurück nach Braunschweig kann man sich fahren lassen, und zwar von der DB. Will man selbst fahren, steht natürlich die B 1 zur Verfügung, eine schnelle Verbindung, aufgrund des starken Verkehrs aber wenig erfreulich. Stattdessen soll ein ruhigerer Weg beschrieben werden, der auf Nebenstraßen und Feldwegen eine Reihe von interessanten Eindrücken vermittelt. Vom Bahnhofsvorplatz nehmen wir den „Lauinger Weg", dann nach rechts in den „Scheppauer Weg", der über die Bahnlinie hinwegführt. Wir folgen dem Teerweg, der nach links einschwenkt. Voraus ist der Kirchturm von Lauingen zu sehen. In Lauingen führt uns der Lutterstieg bis zur Kornstraße, auf der wir nach rechts an Gehöften, schließlich an der Gutsmauer entlang geleitet werden. Wo diese endet, links in die Sandstraße. Jetzt geht es in die Feldmark, durch ein Wäldchen und zu einem Feldstall, hinter dem wir rechts einbiegen müssen. Der nun nicht mehr ganz so gute Weg wendet sich nach links, am nächsten Querweg links abbiegen und geradewegs auf die Bahnlinie zu, die mit einer Anruf-Schranke versehen ist.

Von Bornum berühren wir nur das Sportheim (Quellwasser-Erfrischung im Ort vor der Kirche, als Abstecher). Wir wenden uns auf der Landstraße nach rechts, 250 Meter weiter in einen guten Feldweg nach links, der uns – bei abnehmender Qualität – unterhalb des „Roten Berges" entlangführt. Das querende Verbindungssträßchen führt den Berg hinauf. Kurz vor der höchsten Kuppe links einbiegen: ein kurzer, aber sehr steiler Anstieg. Diese kurze Schiebestrecke eröffnet uns den Kammweg nach Gardessen. Dort dann an der Kirche vorbei und dem Bächlein folgend in den Ort hinunter. Am Ortsende links („Im Meere") beginnt der Radweg nach Schandelah. Später müssen wir dann doch ein Stück Landstraße nehmen. Schandelah umgehen wir südlich der Bahnlinie, nutzen also weder den ersten noch den zweiten Bahnübergang, sondern halten uns links und erreichen damit die Landstraße nach Cremlingen, die uns auf separiertem Radweg 400 Meter am Weddeler Wohld entlangführt. Kurz hinter dem Abzweig nach Schulenrode wenden wir uns rechts in den Wald und fahren fast 1,5 Kilometer geradeaus. Auf der querenden Landstraße fahren wir nach rechts, erreichen wieder die Bahnlinie und wenden uns vor dem Übergang nach links. Bis Weddel auf meist gut befestigtem Weg an der Bahn entlang. Nach links hinüber ergibt sich ein Ausblick auf den „Weddeler Teich", der für die Vogelwelt eine wichtige Ergänzung zum Riddagshäuser Teichgebiet darstellt.

Dann nach rechts unter der Bahn hindurch und nach Weddel hinein. Von hier könnten wir weiter geradeaus nach Schapen radeln und über den bereits bekannten Hinweg zum Ausgangspunkt der Tour zurückkehren. Es geht jedoch auch grüner. Dazu nehmen wir in Weddel auf Höhe der Kirche den „Stadtweg" nach links und gelangen an Feuchtwiesen entlang ins Naturschutzgebiet Riddagshausen. In Zweifelsfällen halten wir uns stets links und landen auf dem alten Bahndamm nahe dem Ausflugslokal Schäfersruh. Hier können wir links einbiegen; am Weddeler Graben rechts, und in dieser Richtung dann bis zum Dorf Riddagshausen. Von dort geht es über die Ebertallee und durch den Prinzenpark ins Ringgebiet und in die Innenstadt zurück.

Der Abstecher nach Helmstedt. Von Süpplingenburg aus sind es weniger als 7 Kilometer bis nach Helmstedt, aber wir entfernen uns zunehmend vom Ausgangspunkt der Tour. Will man sich dort noch etwas umsehen, läuft die Zeit weg – daher sollte für diesen Abstecher zugleich die Rückfahrt per Bahn eingeplant werden.

Von Süpplingenburg nach Emmerstedt, leider ohne einen separierten Radweg. Auf Höhe der letzten Häuser, aber noch vor dem Gewerbegebiet, in die Birkenallee nach rechts einbiegen, am Segelflugplatz vorbei in ein Kleingartengelände, wo – kurz vor der Schnellstraße – ein Weg nach rechts abzweigt, der uns in Windungen auf die Kuppe des St. Annenberges bringt. Hier liegen die Lübbensteine, zwei berühmte Großsteingräber, die wir nicht auslassen sollten. Jenseits geht es kurz hinunter zur B 1, auf der wir in die Stadt hineinrollen. Immer stracks geradeaus kommen wir an der Klosterkirche St. Marienberg vorbei und gelangen mit einem letzten Schlenker nach rechts zum Stadttor, dem Hausmannsturm.

Hausmannsturm, Stadttor

Die Orientierung in Helmstedts Altstadt ist einfach: die Hauptstraße zieht sich vom Hausmannsturm längs durch den Ort Richtung Osten, und man landet jenseits vor dem Hofportal des Klosters St. Ludgeri, von wo der Weg nach rechts zum Bahnhof hinüberführt. Zunächst sieht man aber links die Renaissance-Giebel der einstigen Universität, gerade weiter geht's über den Marktplatz, noch ein Stückchen weiter dann rechts die große Stadtpfarrkirche St. Stephani. Kleiner Tipp: Beim Ludgerikloster die Treppe neben dem Kirchportal suchen. Die Äbte waren zunächst auch die Stadtherren über Helmstedt, letztlich aber der Querelen überdrüssig; einer ist von den Bürgern sogar erschlagen worden.

Marktbrunnen Helmstedt

Fachwerkbauten in Helmstedt

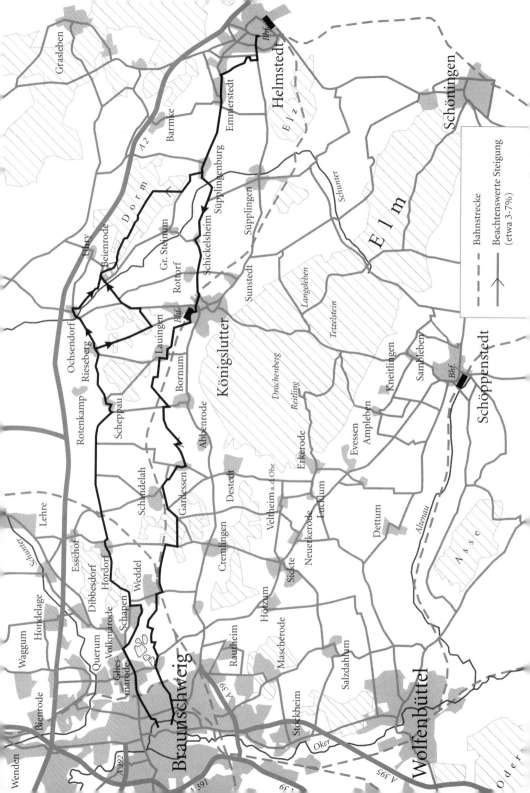

Die Landschaft Die vorgeschlagene Route, die stets nur wenig von der Kompassrichtung Ost abweicht, erschließt einen sehr abwechslungsreichen Landschaftsraum, dessen besonderer Reiz vor allem für Fahrradfahrer wahrnehmbar ist. Denn für Wanderer werden die Entfernungen bereits zu groß; vom Auto aus können Merkmale und Besonderheiten nicht mehr wahrgenommen werden, viele Wege sind auch einfach für Kraftfahrzeuge gesperrt.

In geografischer Hinsicht wird dieser Raum als ostbraunschweigisches Flachland bezeichnet, dem als Pendant südlich das ostbraunschweigische (Löss-) Hügelland vorgelagert ist. Auf unserer Fahrt bleibt dieses stets durch die dunkle Horizontlinie des Elm erkennbar. Das Becken von Königslutter mit seinen Begrenzungen durch Rieseberg und Dorm, die sich als bewaldete Höhenrücken deutlich im Landschaftsbild abzeichnen, wird als ein nördlicher Ausläufer des Hügellandes betrachtet. Während der Elm eine absolute Höhe von 323 m NN erreicht, beträgt der maximale Wert für den Dorm nur noch 181 m NN. Die Differenz scheint in der Wahrnehmung jedoch geringer zu sein, was auf die vergleichsweise schroffe Heraushebung des kleineren Höhenrückens zurückzuführen ist.

Vom Landschaftsbild könnte man das ostbraunschweigische Flachland mit den eiszeitlich geprägten Geestlandschaften Norddeutschlands vergleichen. In der Tat hat auch hier das Eiszeitalter Ablagerungen in wechselnden Mächtigkeiten hinterlassen; der Findlingsgarten bei Königslutter (siehe Fahrtroute) führt die größeren Geschiebeblöcke skandinavischer Herkunft vor. Den entscheidenden Unterschied bildet der ältere Gebirgsuntergrund, der vielfach nur wenige Dezimeter unter der Oberfläche ansteht. Auf größeren Flächen handelt es sich um meist tonige Gesteine der Jurazeit.

Die Auswirkungen sind beträchtlich. Einerseits für die Landwirtschaft, die es nicht selten mit staunassen Böden zu tun hat, was für eine dauerhafte Nutzung schwere Probleme bereitet. Andererseits aber auch für alle Fragen der momentanen und künftigen Rohstoffgewinnung. Unter dem fast siedlungsleeren Gebiet nördlich von Schandelah, ehemaliger Truppenübungsplatz Wohld, lagern gewaltige Mengen von sogenanntem Ölschiefer. Die zeitweilig betriebenen Versuchsabbaue sind stellenweise als Kuhlen oder Teiche erhalten. Ein anderes Beispiel geben die Sandvorkommen an Dorm und Rieseberg, von denen die blendend weißen Glassande nördlich von Beienrode, bei Uhry, abgebaut werden. Und im südlichen Randbereich wäre auch die Braunkohle in der Mulde zwischen Elm und Lappwald hinzuzurechnen, die sich bis in unser Fahrtgebiet erstreckt. Jahrzehntelang wurde um einen Tagebau Emmerstedt gerungen, der dann aber doch nicht in Angriff genommen wurde.

Der eigentliche „Beweggrund" für die nur zum Teil sichtbare Modellierung des geologischen Untergrundes liegt in den unterlagernden Salzschichten, die in Form von Salzhorsten oder Salzmauern aufgedrungen sind und damit eine entsprechende Verformung der auflastenden Gesteins-Serien bewirkt haben. Letztlich handelt es sich um Vorgänge von einer unvorstellbaren Kraft, die allerdings in fast unendlich scheinender Langsamkeit abgelaufen sind. Der Dorm stellt ein solchermaßen aufgepresstes Miniatur-Gebirge dar, in dem sich sogar die älteste Abteilung des Erdmittelalters auffinden lässt (Buntsandstein, 250 Mio. Jahre). Am Dorm sind dann auch in einem Bergwerk die Salzschichten direkt aufgeschlossen worden; bis 1926 waren im Bergbau und in den angegliederten Kali- und Chemieunternehmen mehrere hundert Menschen beschäftigt.

In naturkundlicher Hinsicht wäre das Rieseberger Moor hervorzuheben, eine urtümliche Niedermoorlandschaft, die – neben älteren Torfstichen – von einer Birken- und Erlenbruchvegetation geprägt wird. Dabei erstaunt besonders die enge Nachbarschaft von nassen Torfschichten und knochentrockenen Sandkuppen, die sich von Süden an das Moor heranschieben oder ihm in Form einzelner Dünen vorgelagert sind. Ausgedehnte Sandflächen überziehen auch den östlichen Unterhang des Rieseberges. Auf der Anhöhe ist davon jedoch nichts mehr vorzufinden, hier bestimmen Kalkgestein, Geschiebelehm und stellenweise ein feiner Löss-Schleier das Milieu, auf dem ein typischer Laubmischwald anzutreffen ist. Ein Teilbereich ist als Naturwaldreservat ausgewiesen worden.

Geschichte Nicht ganz ohne Hintersinn ist Süpplingenburg als Wendepunkt dieser Tour genommen worden. Schließlich liegt hier die Heimat eines deutschen Königs und römischen Kaisers – unser Lothar. Tatsächlich wird seinem Namen auch in Geschichtswerken oft die Herkunftsbezeichnung angehängt, was mit einem kleinen historischen Problem zu tun hat. Es ist nämlich durchaus unklar, wie man die Vorgänger gleichen Namens zählen will, und um den Zweifeln aus dem Weg zu gehen, hat sich die Nachstellung der Herkunftsbezeichnung „Lothar von Süpplingenburg" herausgebildet. Heutzutage sieht man ihn meistens als den III. Lothar auf dem Königsthron an. Geboren ist er um 1075, gestorben 1137.

In der zweiten Hälfte des 11. Jahrhunderts lag die Landschaft rund um den Elm nicht gerade im Zentrum der großen Politik, aber auch nicht allzu weit entfernt von den Hauptorten jener Zeit, von denen im Norden Magdeburg, Quedlinburg und Goslar zu erwähnen sind. Lothar gelang ein phänomenaler Aufstieg vom örtlichen Grafen über die Funktion des sächsischen Herzogs bis zur Königswürde, wobei ihm eine sehr günstige Heirat mit der Brunonen-Erbin Richenza den notwendigen materiellen Rückhalt verschaffte. Der Rest war Politik, das heißt das Wechseln der Fronten zum jeweils richtigen Zeitpunkt. Den letzten Akt bildete die Schlacht am Welfesholz 1115, in der er die Truppen „seines" Königs Heinrich V. vernichtend schlug. Später sollte Lothar vor allem als christlicher König und Kaiser gerühmt werden, so wie es eine Bleitafel ausdrückt, die aus seinem Grab in Königslutter stammt und die heute im Braunschweiger Burgmuseum (Abtlg. des Herzog Anton Ulrich - Museums) gezeigt wird.

Und was ist nun an jenem Ort geblieben, den Lothar als Heimat ansah? Eine ziemlich große romanische Kirche, drumherum eine Wiesenfläche, über die manchmal das Federvieh stolziert, und daran anschließend ein Außenring mit einigen großen Wirtschaftsbauten – mehr ist nicht geblieben von der Süpplingen-Burg, die noch im Dreißigjährigen Krieg derartig gut befestigt war, dass sie nicht eingenommen werden konnte. Die Architektur der Ordenskirche St. Johannis, die als Neubau seit etwa 1130 innerhalb des

Burgberings entstand, ist vor allem in Hinblick auf die kurz darauf begonnene Abteikirche in Königslutter zu würdigen, die dann als kaiserlicher Grabbau geplant wurde. Bei St. Johannis folgte man noch den überkommenen Baugewohnheiten. Ein Kennzeichen der alten Zeit ist zum Beispiel die Gestaltung des Chores, unter dem eine begehbare Krypta angelegt wurde – ein Baumuster, das bald aus der Mode kommen sollte. Von den ehemals anschließenden Klausurgebäuden ist nichts mehr erhalten; in ihnen residierten zunächst geistliche Stiftsherren, dann die Templer und danach der Johanniterorden, der bis 1820 hier eine Niederlassung behielt.

Bis 1989 besaß Helmstedt eine recht zweifelhafte Berühmtheit. Der Name war überall bekannt und verband sich mit dem jenseitigen Grenzort zum stehenden Begriff „Helmstedt / Marienborn", der seinerseits für die wichtigste Transitstrecke durch die DDR nach West-Berlin stand. Hunderttausende fuhren an Helmstedt vorbei, für den Ort selbst interessierte man sich nicht.

Inzwischen ist die ehemlige Grenzübergangsstelle eine wichtige Erinnerungsstätte an die deutsche Teilung geworden, die auch von ausländischen Gruppen besucht wird. Einen weiteren Baustein bildet das **Zonengrenz-Museum**, hinzu kommt einer der wenigen erhaltenen Abschnitte des „Kontrollstreifens" nahe Hötensleben. Alles notwendig zur Erinnerung, aber glücklicherweise Vergangenheit.

▶ Zonengrenz-Museum
Helmstedt
Südertor 6
38350 Helmstedt
Tel. (0 53 51) 1 21 11 33
Di, Fr: 15–17 Uhr
Mi: 10–12, 15–17 Uhr
Do: 15–18.30 Uhr
Sa, So: 10–17 Uhr

Juleum, Hauptgebäude

Kollegienhof

Bei freundlichem Stadtbild und nicht ganz belangloser Geschichte sucht die Stadt nun nach einer neuen Identifikation, zumal sich die wirtschaftliche Lage nach Fortfall der „Zonenrandförderung" kaum besser darstellt als zuvor. Aber da gab es doch noch eine andere Tradition. Richtig, die einer Universitätsstadt nämlich. 1576 durch den Wolfenbütteler Herzog als welfische Universität eröffnet, gehörte das Juleum bald zu den großen Stätten der Gelehrsamkeit. Im 17. Jahrhundert lag die Studentenzahl zeitweilig an dritter Stelle in Deutschland. Bemerkenswert ist, dass Hauptgebäude und „Collegien" baulich überdauert haben. Aula und Bibliothek sind im sogenannten Novum Juleum zusammengefasst, ein hervorragendes Zeugnis der niedersächsischen Renaissance-Baukunst (Paul Francke, 1592–97). Dort findet man jetzt auch das **Kreis- und Universitätsmuseum**.

▶ Kreis- und Universitätsmuseum Helmstedt
Collegienplatz 1, Juleum
38350 Helmstedt
Tel. (0 53 51) 12 04 61
Di–Fr: 10–12, 15–17 Uhr
Sa, So: 15–17 Uhr

Die Epoche als Universitätsstadt, die ihr Ende mit der Auflösung der Bildungseinrichtung unter napoleonischer Vorherrschaft im Jahre 1810 fand, hat übrigens noch weitere Spuren im Stadtbild hinterlassen: die Professorenhäuser. Mit ihnen entwickelte sich ein Typus eines besonders großzügigen Bürgerhauses, das zugleich Raum für Beherbergung von Studenten und teilweise auch für Vorlesungen bot. An diesen Häusern verweisen Informations-Tafeln auf die jeweiligen Besitzer.

Die Anfänge Helmstedts reichen sehr viel weiter zurück; man nähert sich ihnen bei einem Bummel über das Gelände des Ludgeri-Klosters, das noch im 18. Jahrhundert seine Reichsfreiheit betonte („Kaisersaal"). Angeblich soll einer der frühen christlichen Missionare im Sachsenland, der hl. Ludger, hier um das Jahr 800 eine Predigtstation unterhalten haben. Deren bauliche Überreste hat man in der Doppelkapelle im sogenannten Passhof des Klosters vermutet. Nach Ausgrabungen ist allerdings deutlich geworden, dass dieses doppelstöckige Bauwerk auch in seinem Untergeschoss nicht ganz so weit in die Vergangenheit zurückreichen kann. Die Äbte, die gleichzeitig dem Kloster Essen-Werden vorstanden, waren zunächst auch die Stadtherren über Helmstedt. Bei zunehmendem Selbstbewusstsein der mittelalterlichen Bürgergemeinde häuften sich die Querelen. Schließlich wurde die Stadtherrschaft an die Welfen übertragen.

Portal zur Aula

Den älteren Siedlungskernen, die noch heute Teile ihrer Befestigungsanlagen besitzen, war im 12. Jahrhundert eine Vorstadt als Neugründung hinzugefügt worden. Ihren westlichen Vorposten bildet die **Klosterkirche St. Marienberg**, die besonders durch ihren Schatz an Paramenten – Tücher, Behänge und Gewebe für den liturgischen Gebrauch – bekannt ist. Die heutige Paramentenwerkstatt, untergebracht in den alten Klosterbaulichkeiten, will diese Tradition fortführen.

Klosterkirche St. Marienberg

▶ Schatzkammer mittelalterlicher Paramente
Konvent Kloster
St. Marienberg
Klosterstraße 14
38350 Helmstedt
Tel. (0 53 51) 67 69
Mo–Fr nach telefonischer Vereinbarung

Das Spätmittelalter stand in Helmstedt unter dem Vorzeichen der Hanse, die als lockeres Schutzbündnis die Sicherheit von Verkehr und Handel aufrechterhalten sollte. Die Renaissance-Epoche knüpfte fast nahtlos daran an; sehenswert ist die Ausstattung der großen Bürgerkirche St. Stephani, die in jener Zeit erneuert wurde.

Als sich die Zeit der Universität dem Ende zuneigte, war der Keim des Neuen schon gelegt. Aber wer hätte damals sagen können, hier beginnt die Zukunft für Helmstedt, als dem Theologie-Studenten Koch 1794 ein Privileg auf das Schürfen von Braunkohle verliehen wurde? Im Ergebnis brachte dies für die Stadt zum Ende des 19. Jahrhunderts eine breiter gefächerte Industrialisierung, während das 20. Jahrhundert dann ganz unter dem Bannzeichen der Kohle stand. Heute leidet die Stadt unter der monostrukturellen Ausrichtung auf das Großunternehmen BKB (Braunschweigische Kohlen-Bergwerke). Mit den verfügbaren Kohlevorräten geht es zu Ende, übrig geblieben sind riesige Löcher in der Landschaft zwischen Elm und Lappwald, deren künftige Gestaltung mittlerweile zum drängenden Thema wird.

Bei der Aufschließung des jüngsten Tagebaues am Rande von Schöningen hat sich ein erstaunliches Nebenergebnis eingestellt, aufgrund der langjährigen archäologischen Vorarbeiten nicht ganz zufällig, aber in dieser Weise keineswegs abzusehen. Dort traten in tiefen Erdschichten Spuren und Hinterlassenschaften des Frühmenschen zutage, zu denen die ältesten bekannten Jagdwaffen der Menschheit in Gestalt einiger Wurfspeere gehören. Die Zeitstellung der wichtigsten Funde wird mit etwa 400.000 Jahren vor heute angegeben.

Nicht ganz so weit zurück reichen die beiden berühmten Großsteingräber vor Helmstedt, die Lübbensteine. Dafür sind sie als dingliche Zeugnisse in der Landschaft zu besichtigen (siehe Tour). Ihre Entstehung fällt in den mittleren Abschnitt der Jungsteinzeit, was sich noch weiter einengen lässt auf etwa 3500 / 3400 vor Christi Geburt.

Das „Türkentor"

St. Ludgeri, Doppelkapelle im Passhof

Klosterhof St. Ludgeri

Sportlich ins Grüne: Der Elm

Rundkurs über Ampleber Berg 46 km.
Reitlingstal, Königslutter (Bhf.) ca. 29 km

Der Elm ist der größte und mit 323 Metern auch der höchste Höhenzug, den wir von Braunschweig aus noch gut erreichen können. Wohl auch wegen der nahen deutsch-deutschen Grenze sind größere Besucherströme hier niemals angekommen, eine ruhige Abgeschiedenheit ist bis heute geblieben. Bereits bei der Einrichtung des Naturparkes Elm-Lappwald ist die umgebende alte Kulturlandschaft mit ihren Dörfern und Kleinstädten bewusst einbezogen worden. Im Elm laden die ausgedehnten Buchenwälder zum Wandern und Radfahren ein, allerdings sollten interessierte RadlerInnen schon ein gewisses Maß an Ausdauer mitbringen. Der kürzeste Tourenvorschlag führt ins Reitlingstal. Wer eine der anschließenden Varianten, Königslutter, Ampleber Berg oder Tetzelstein wählt, hat mit einem steilen Aufstieg zu rechnen. Die Belohnung liegt stets in einer schönen langen Abfahrt.

Die Strecke Einige werden sich noch erinnern, an den Fahrradbus, der Radler und Radlerinnen mitsamt ihrem Gefährt in den Elm brachte (noch in der 2. Auflage dieses Buches war von ihm die Rede). Das ist jetzt Vergangenheit. Auch die Sonntags-Ausflugslinie bietet keinen gültigen Ersatz, denn Fahrräder werden nur mitgenommen, wenn genügend Platz vorhanden ist. Und das ist Glückssache. Warum diese Vorrede? Grund ist die Distanz bis zum Elmrand. Nach Erkerode, dem westlichen Eingang ins Reitlingstal, muss man immerhin 17 Kilometer rechnen.

Aber die Frage, ob man diese Strecke auf sich nimmt, um unser kleines Mittelgebirge zu erreichen, hängt noch von anderen Faktoren ab. Zum Beispiel von der Attraktivität des Weges dorthin. Hierbei scheinen sich für die Zukunft ganz neue Lösungen anzudeuten (dazu weiter unten). Aber auch die Routenplanung spielt eine Rolle, denn es ist problemlos möglich, eine Rückfahrt per Bahn einzuplanen. Entsprechende Varianten werden im Folgenden besonders berücksichtigt.

Auf in den Elm! Von der Braunschweiger Innenstadt zunächst über Helmstedter Straße und Kastanienallee durch das östliche Ringgebiet, dann auf der Ebertallee durch den Prinzenpark und nach Riddagshausen hinüber. Am Kreuzteich vorbei und auf separiertem Radweg zum Grünen Jäger, von dort weiter bis zur Kreuzung am Schöppenstedter Turm. Die einfachste Möglichkeit, an den Elmrand zu gelangen, bietet nun die Landstraße Richtung Schöppenstedt, die auf unserem Streckenabschnitt durchgängig mit Radweg ausgestattet ist. Die einzelnen Etappenziele sind Obersickte, Neuerkerode, Lucklum (Abkürzung durch die Lindenallee) und Erkerode.

Es geht aber auch ein bisschen anders, wobei wir zunächst einen Vorgriff auf eine wünschenswerte Zukunftsplanung wagen. Denn zwischen dem Schöppenstedter Turm und Obersickte liegt linker Hand der Standortübungsplatz Herzogsberge. Nun gibt es aber keinen militärischen Standort Braunschweig mehr, die letzten Truppen haben die Stadt vor kurzem verlassen. Demnach kann man sich fragen, warum die hervorragend geeigneten Panzerbahnen nicht für den Radverkehr freigegeben werden. Der Zukunftsweg könnte so aussehen: Knapp einen Kilometer hinter dem Schöppenstedter Turm nach links abbiegen, dann durch das Waldgebiet sich immer rechts haltend auf guter Straße hindurch, 400 Meter links am Waldrand entlang und dann an einem Gehölzstreifen direkt nach Süden, was in gerader Linie zum Ortsrand von Obersickte führt. Dort „Am Bockshorn" nach links, über die nächste Landstraße geradeaus hinweg und in die Feldmark, schließlich rechts bis zum Wegekreuz nahe dem Außenfriedhof. Nach links geht's auf dem „Stadtweg" durch die Felder Richtung Veltheim an der Ohe.

Weil wir uns aber stets an Verbotstafeln halten, bleibt einstweilen ab Schöppenstedter Turm nur die Landstraße, auf der wir Obersickte erreichen, um dann links in den „Stadtweg" einzubiegen (geradewegs wäre gleich das **Freibad** Obersickte erreicht, dies auch als Hinweis für einen Kurztrip). Veltheim durchfährt man auf der Hauptstraße; dabei lohnt ein kleiner Abstecher in die „Kirchstraße", der zur westlichen Torbrücke des Wasserschlosses führt. Dann weiter die Verbindungsstraße nach Lucklum, dort links nach Erkerode, wo der Durchgangsverkehr geradeaus ins Reitlingstal geleitet wird.

▶ Freibad Sickte
Schöninger Straße 1 A
38173 Sickte
Tel. (0 53 05) 441
In der Saison:
täglich 7–20 Uhr

Die Situation auf der Fahrstraße durch das Reitlingstal kann sich ganz unterschiedlich darstellen, je nach Wochentag. Wie auch immer, wir sollten uns davon fern halten. Das geht bereits kurz hinter Erkerode. Hinter den auffälligen Brunnenanlagen liegt rechts ein Parkplatz, an dem ein Weg beginnt, der zwischen Wald und Wiese in mäßiger Steigung das Tal hinaufführt. An einem Wegeknick nach links – Merkzeichen ist ein kleiner Nadelholzbestand – sind wir dem Kulturdenkmal „Brunkelburg" schon ganz nahe (siehe „Geschichte"). Hinter den beiden Teichen müssen wir dann doch noch ein Stück die Straße benutzen, um nach links hinüber zu gelangen, zum Reitlings-Gasthaus.

Wabebach in Erkerode

Hier findet man an der Wendeschleife eine der Übersichtstafeln mit dem Netz der Wander- und Radwege, die von der Verwaltung des Naturparks Elm-Lappwald betreut werden. Die Wegekennzeichnungen können im Allgemeinen als zuverlässig gelten, was nicht heißt, dass hier und

Im Reitlingstal

da einmal ein Schild fehlt. Meist ergibt sich aber im weiteren Umkreis doch ein eindeutiger Hinweis.

Das Reitlings-Gasthaus ist die Stätte der Entscheidung. Einfachste Variante: Kaffeetrinken und zurückfahren. Alle anderen Möglichkeiten sind mit einer echten Herausforderung verbunden, denn rund um das Tal liegen die höchsten Erhebungen des Elm. Dafür hat man ungefähr 100 Höhenmeter zu überwinden. Zum Trost sei aber gesagt, dass Schieben keine Schande ist und dass man letztendlich mit einer schönen langen Abfahrt auf guten festen Wegen belohnt wird. Alle nachgenannten Strecken beginnen in Verlängerung der Gasthaus-Zufahrt, direkt am vorderen Rand des ausgewiesenen Naturschutzgebietes am Wabebach.

Wer das Ziel Königslutter anpeilen will (Option Bahnrückfahrt) nimmt den Weg geradeaus und dann nach links hinauf, der mit Quadrat und einbeschriebenem Plus-Zeichen markiert ist. Relativ kurzer, steiler Anstieg, jenseits von Drachenberg und Funkturm eine schier endlos lange Abfahrt auf fast gerader Linie. Dabei sollte man die Hinweise auf den „Erlebnis-Steinbruch Hainholz" beachten. Schließlich landet man am Lutterspring und kann noch eine Waldpartie im Luttertal bis zum Kaiserdom oberhalb des Städtchens anschließen (siehe „Geschichte").

Mein derzeitiger Lieblingsweg führt in die andere Richtung, zum Südrand des Elm oberhalb von Ampleben. Dazu nach rechts über die Wabe hinweg und dem Symbol „ausgefüllter Kreis" folgen. Zuerst noch gemütlich bis zur Fahrstraße, diese 400 Meter aufwärts und dann rechts, beim Parkplatz, hinauf in einen Waldweg, der zuerst langsam, dann krass ansteigt. Oben erreicht man eine Wegekreuzung, wo man dem Kreissymbol nicht nach rechts folgt, sondern weiter geradeaus fährt. Dann die Straße nach Ampleben einen Kilometer bergab (dies ist in Gegenrichtung die Bergprüfung der Straßen-Radrennfahrer, der „Ampleber Berg"). Am Waldrand sofort rechts und an diesem entlang mit herrlichen

Ausblicken ins Land zurück nach Erkerode. – Auch bei dieser Elm-Variante kann man eine Rückfahrt per Bahn vorsehen, und zwar ab Schöppenstedt, wozu man nach Ampleben hinunterfährt und dann noch einen Besuch in Till Eulenspiegels Geburtsort Kneitlingen dranhängt.

Der „Mittelweg" lässt die Entscheidung Königslutter oder Ampleben zunächst offen, er führt zum Tetzelstein hinauf. Ausgeschildert ist „Kreis mit zwei gefüllten Vierteln", denen nach rechts über die Wabe zu folgen wäre. Ich bin aber eher für den kürzeren Aufstieg zu haben: dafür weiter geradeaus und gut 900 Meter am Wabetal entlang (NSG, Femo-Weg), dann kurz hintereinander zwei Mal den linken Wegeast wählen und nun sehr steil bergauf. Knapp einen Kilometer leicht bergab, über die Elm-Querstraße hinweg, ein kurzes Stück Rückeweg und dann den Pfad mit dem „offenen Quadrat". Links nach Langeleben, rechts leicht ansteigend zum Tetzelstein, wo ein Ausflugsgasthaus einlädt.

Um von dort nach Ampleben zu gelangen, bleibt im ersten Stück nur die Autostraße (ausgeschildert); der empfehlenswerte Waldrandweg nach Erkerode oder die Alternative Schöppenstedt sind oben bereits genannt worden. Nach Königslutter hinunter kann man die Straße nehmen oder man hält sich wiederum an den „Quadrat-Weg", der zugleich einen Abstecher zur Burgruine Langeleben anbietet. Von Königslutter geht's nach Braunschweig zurück per Bahn. Für unermüdliche RadlerInnen steht der Rückweg von Tour 7, ab Bahnhof Königslutter, zur Verfügung.

Reitlingstal im Elm

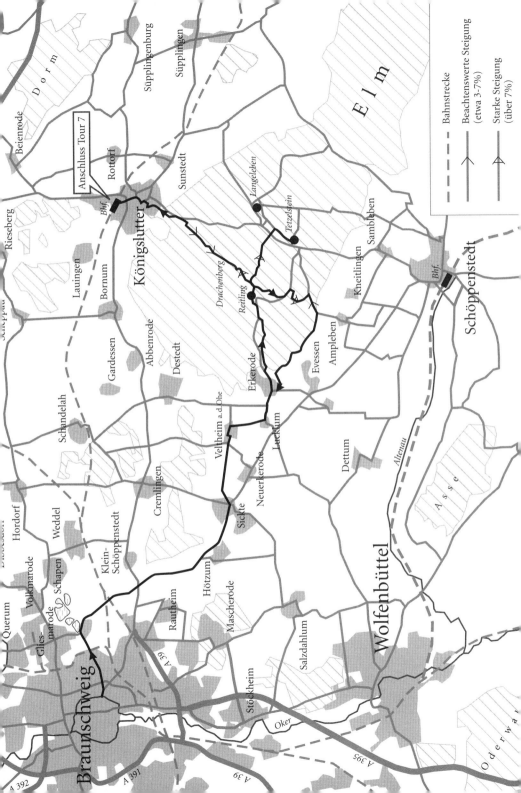

Die Landschaft Der Elm bildet den mächtigen Außenposten der deutschen Mittelgebirgslandschaft. In seiner Längenerstreckung von rund 20 Kilometern, Breite bis über 7 Kilometer, erhebt er sich als bewaldetes Kalksteingewölbe aus einer durch Mulden und kleinere Höhenzüge geprägten Umgebung. Rund um das Reitlingstal im westlichen Elm finden wir die meist plateaumäßig ausgedehnten „Gipfel" mit Höhenwerten um die 310 Meter über NN, das Maximum liegt bei 323 Metern. Durch Höhe und exponierte Lage ist im Elm das Lokalklima etwas rauher als im Vorland: größere Windgeschwindigkeiten, höherer Niederschlag und längere Schneebedeckung.

Der Winter wird aber kaum die Jahreszeit sein, in der man sich per Fahrrad durch den Elm bewegt. Eher zu empfehlen wäre das Frühjahr, zu einem Zeitpunkt, in dem die hallenartigen Buchenwälder ihr dichtes Laubdach noch nicht vollständig geschlossen haben und die Bodenvegetation das Lichtangebot für ihre kurze intensive Entfaltung nutzt. Die ausgedehnten Buchenwälder des Elm sind berühmt; ob diese aber das größte zusammenhängende Buchengebiet Norddeutschlands bilden, wie es die Fremdenverkehrswerbung behauptet, lassen wir mal dahingestellt.

Die Rotbuche findet auf den Kalkgesteinen hervorragende Wuchsbedingungen vor und man kann davon ausgehen, dass diese Baumart auch in einem Naturwald eine dominante Rolle einnehmen würde. Der heutige Bestand ist jedoch in seiner Altersklassenausrichtung ein Produkt der auf Effizienz gerichteten Forstwirtschaft, da darf man sich keiner Illusion hingeben. Die historischen Waldverhältnisse sind weitaus verwickelter, als es auf den ersten Blick scheint. Aus der zusammenfassenden Beschreibung bei Theodor Müller ergibt sich, dass noch im 18. Jahrhundert zugleich mit den Besitzgrenzen die Baumartenbesetzung wechselt, ohne einen Bezug zur Bodenbeschaffenheit. So grenzte dann ein fast reiner Buchenbestand hart an eine Eichenparzelle. Dies nur als Beispiel, in welchem Ausmaß der Mensch das Waldbild formen kann.

Die Kalkstein-Schichtpakete des Elm sind durch das in der Tiefe lagernde Salzkissen nur in bescheidenem Maße aufgebogen worden, ihre Lagerung kann man als relativ flach einfallend beschreiben, ganz im Gegensatz zu den bis in die Senkrechte aufgepressten Gesteinsschichten im Dorm oder in der Asse (in geologischer Sicht ist dies der entscheidende Unterschied zwischen Breitsattel und Schmalsattel). Die Aufwölbung erfolgte im Verlauf von vielen Millionen Jahren, jedoch nicht kontinuierlich. Als Gesamtzeitraum wäre ungefähr 100–30 Mio. Jahre vor heute anzugeben.

Man kann sich leicht vorstellen, dass ein solcher Vorgang größere Risse und Klüfte in den Gesteinsmassen verursacht. Als auffallendstes Resultat ist die einzige tiefe Talung im Elm anzusehen, das Reitlingstal, das sich an Schwächezonen dort bilden konnte, wo das Gebirge am weitesten aufgebogen worden ist. Nur hier finden wir das „Röt" im Talboden vor, das als noch Älteres unter den Muschelkalkschichten hervortritt. Diese meistens rötlich gefärbte Schicht hält einige Überraschungen bereit: In ihren tonigen Partien staut sie das Wasser, daher die heutigen Teiche, daher auch der alte Name, der von Riet und Rietgras hergeleitet wird. In anderen Bereichen verschwindet das Wasser im Untergrund und nimmt sich seinen Weg durch lösliches Gestein. Tatsächlich gibt es einen kleinen Bach, der nach kurzem Lauf einfach in einem Bodenloch verschwindet („Teufelsküche" im südöstlichen Talschluss, Station auf dem Femo-Pfad).

Sogenannte Erdfälle, trichterartige Einsenkungen, die auf den Einsturz ausgewaschener Höhlungen zurückgehen, sind eine typische Erscheinung für den Elm und nicht nur an die Röt-Schicht gebunden, sondern auch im Mittleren Muschelkalk weit verbreitet. Ein feines Kluftsystem durchzieht aber auch die kompakteren Kalkschichten und führt in der Wirkung dazu, dass auf den Elm-Hochflächen keinerlei offene Gewässer anzutreffen sind. Mit Ausnahme des Reitlingstales, insbesondere des dortigen Wabebaches, tritt das verschwundene Wasser erst in der Randzone des Gebirges in sogenannten Überlaufquellen wieder zutage. Als weitaus stärkste Quelle dieser Art ist der Lutterspring über Königslutter zu nennen, der stets einen Besuch lohnt.

Die eigenartige Situation – hoher Niederschlag und dennoch Wasserarmut – hat dem siedelnden Menschen Grenzen gesetzt. Auch wenn es einige Versuche gegeben hat, das hohe Waldland zu erschließen, so wurden diese doch ziemlich bald

Lutterspring

aufgegeben. Die heutigen Dörfer am Elm halten sich ausnahmslos an einen randlichen Quellhorizont. In Bornum, das seinen Namen zu recht trägt, sprudelt das Wasser direkt unter der Kirche hervor.

Die Kalksteine des Elm haben jedoch in anderer Hinsicht eine nicht ganz geringe Rolle gespielt: als Baumaterial seit dem Mittelalter regional beliebt, als Bildhauerstein sogar bis nach Bremen verfrachtet. Schließlich in der jüngeren Vergangenheit zur Zementherstellung.

Die vielen Steinbrüche erlauben uns tiefere Einblicke. Dabei dient die Bezeichnung Muschelkalk – was zu einiger Verwirrung führt – nicht nur als Materialbeschreibung, sondern auch als Zeiteinteilung. In dieser unterscheidet man die obere, mittlere und untere Abteilung, die zusammen genommen einen Zeitraum von rund 10 Mio. Jahren repräsentieren (beginnend etwa 240 Mio. vor heute). Damals herrschten die meiste Zeit nicht allzu große Meerestiefen, manchmal sogar wattähnliche Bedingungen. Das warme kalkreiche Meer bescherte Muscheln, Ammoniten (genauer: Ceratiten) und weiteren Tiergruppen günstige Entfaltungsbedingungen – und sicherte hernach auch ihre Erhaltung in Form von Versteinerungen. Der Verein Femo, Freilicht- und Erlebnismuseum Ostfalen e.V., betreut einen Besuchersteinbruch am Hainholz südlich von Königslutter, wo das Sammeln von Fossilien problemlos möglich ist. Zwei Einrichtungen, die für eine breitere Anschauung und den wissenschaftlichen Hintergrund sorgen, befinden sich im Ort Königslutter: Das **Geopark Informationszentrum** an der Stadtkirche, mit fachkundiger Leitung, das die sachlichen Zusammenhänge für das gesamte Harzvorland in einer modernen Präsentation vorführt. Und die ältere **Otto-Klages-Sammlung**, die auf einen Königslutterer Kaufmann zurückgeht. Dieser hatte die prächtigen Seelilienkelche, die Steinbrucharbeiter immer wieder aus dem Schutt zogen, als weltweit akzeptierten Tauschgegenstand entdeckt und mit Leidenschaft und Tatkraft eine sehr ansehnliche Sammlung von Fossilien, Schmucksteinen und Mineralien zusammengebracht.

▶ Geopark Informationszentrum
An der Stadtkirche 1
38154 Königslutter
Tel. (0 53 53) 91 32 35
Sommerhalbjahr
1.4.–31.10.
Di–Fr: 10–17 Uhr
Sa, So: 11–17 Uhr
Winterhalbjahr verkürzt

▶ Otto-Klages-Sammlung
Sack 1 (Stadtbücherei)
38154 Königslutter
Tel. (0 53 53) 99 01 32
Mo–Do: 16–17 Uhr
Sa, So: 15–17 Uhr

Reitlingstal

Geschichte Für das Mittelalter, oder sagen wir genauer: für den mittelalterlichen Fernverkehr, war der Elm zunächst einmal ein Verkehrshindernis. Der älteste West-Ost-Weg berührte den Höhenrücken nur an seiner südöstlichen Spitze, in Schöningen, und zog, von der Furt Ohrum kommend weiter in Richtung Magdeburg. Nachdem es den Braunschweiger Brunonengrafen gelungen war, ihre eigene Furt als Hauptübergang zu etablieren, verlief der Weg eine Zeit lang am südlichen Elmrand entlang, eine jüngere Trassenführung entsprach dann in etwa der heutigen Bundesstraße 1 und nahm Königslutter und Helmstedt als Etappenstationen.

Der Tetzelstein

Man kann die Geschichte des westlichen Elmvorlandes in Hinsicht auf diese alten Straßen beschreiben, wobei eine ganze Reihe von Burgen Territorial- und Straßenherrschaft sicherten. Von ihnen sank ein Teil zu Raubritternestern herab. Das spätmittelalterliche Stadtbürgertum versuchte selbstverständlich, dem Einhalt zu gebieten.

Ein städtischer Straßenposten bestand am „Schöppenstedter Turm" und sicherte die Ausfahrt nach Magdeburg. Die Südroute verlief dann weiter über Veltheim (siehe Tour, ehemalige Wasserburg) oder Lucklum. Die dortige Kommende des Deutschritterordens entwickelte sich aus einer starken Burganlage, später schlossähnlich umgebaut. Die Burg in Destedt, nahe der Nordroute, wurde von Braunschweiger Truppen im Jahre 1430 vollständig zerstört, das heutige Schloss ist der späte Nachfahre auf adeligem Besitz. Ganz ähnlich war die Sache auch in Ampleben abgelaufen, während Burg Esbeck, bei Schöningen, von den Braunschweigern aufgekauft wurde. Der Elm selbst besaß eine Reihe von Höhenburgen, die zum Teil aber schon früh aufgegeben wurden, oder wie im Fall Langeleben später Zerstörung anheim fielen: hier waren es die kaiserlich-katholischen Truppen, die 1626 einen Schutthaufen hinterließen (siehe Route ab Tetzel-

Quellgrotte Langeleben

stein, geblieben ist ein Turmrest sowie der kreisförmige Wassergraben). Nahebei errichteten die Braunschweiger Herzöge später ein Jagdschloss, von dessen baulichen Anlagen immerhin noch die 1705 datierte Quellgrotte erhalten ist. Eine sehr ähnliche Quelleinfassung spendierte Abt Fabricius von Königslutter dem oberhalb seines Stiftes gelegenen Lutterspring. „Kröne die Quelle, indem du aus ihr trinkst" ist aus der angewitterten Inschrift herauszulesen.

Auch im Reitlingstal wurde im Hochmittelalter über kürzere Zeit der Versuch betrieben, eine Höhenburg zu unterhalten. Es handelt sich dabei wohl um den Vorläufer der Ordensniederlassung Lucklum. Die Burgstätte nördlich über dem Tal, heute als Krimmelburg bezeichnet, hat aber noch aus anderen Gründen die Aufmerksamkeit der archäologischen Forschung auf sich gezogen. Als Bauplatz hatte man sich im 13. Jahrhundert nämlich ein Terrain ausgewählt, das schon lange Zeit zuvor eine sehr weitgespannte Befestigung besessen hatte; diese hat bis auf den heutigen Tag mit bis zu 4 Meter hohen Erdwällen überdauert. Auch auf der anderen Talseite, auf einem Geländesporn, sind ältere Wallanlagen erhalten („Brunkelburg"; unsere Tour führt nahe daran vorbei). Die Prospektionsgrabungen erbrachten Hinweise auf eine Nutzung in den Jahrhunderten vor Christi Geburt und nochmals im frühen Mittelalter, ohne dass derzeit wesentlich genauere Aussagen möglich sind.

Denkmal am Tetzelstein

Der Tetzelstein führt mit seinem legendären Hintergrund in die Zeit der Reformation, in das frühe 16. Jahrhundert. Die Sage erzählt, dass hier der Ablasshändler und Dominikaner Tetzel von einem Ritter und seinen Mannen überfallen worden sein soll, um dessen Geldkiste zu rauben. Das Pikante daran: just jener Ritter – ob der nun von Hagen hieß oder nicht, spielt keine allzu große Rolle – hatte zuvor für teures Geld einen Ablassbrief erwirkt, für ein Verbrechen, das er erst zu begehen beabsichtigte. Mit diesem Brief winkte er nun dem Geistlichen zu, höhnend, er habe bereits gesühnt. Andere Erzählvarianten berichten sogar von der Ermordung des

Ablasshändlers an dieser Stelle, die durch einen hüfthohen, aufrecht stehenden Stein bezeichnet wird. Dies allerdings können wir ausschließen, da Johannes Tetzel nachweislich 1519 in Leipzig eines natürlichen Todes gestorben ist. Auf alle Fälle ist aber festzuhalten, dass es der schwunghafte Ablasshandel dieses Geistlichen war, der zum Auslöser der Reformation wurde: vor allem gegen ihn richtete sich Luthers Thesenanschlag in Wittenberg am 31.10.1517, der bekanntlich das Ende der mittelalterlichen Kirche eingeleitet hat.

Nachforschungen seitens des Städtischen Museums Braunschweig, in dessen Bestand sich eine rätselhafte Truhe befindet, die angeblich Tetzel gehört haben soll, förderten einen Brief zutage, in dem der Prediger im Juni 1517 seinen baldigen Besuch in Königslutter ankündigt. Es ist auch ziemlich sicher, dass er danach in Süpplingenburg seine flammenden Bußpredigten hielt. Besitzt die alte Geschichte vom Geldraub also doch einen wahren Kern?

Schon auf der Höhe des Elm, nahe dem Tetzelstein, trifft man im Wald auf inzwischen fast zugewucherte Kalksteinbrüche, die das Wirtschaftsleben von Königslutter in der Frühzeit nicht wenig gefördert haben. Neben dem heimischen Verbrauch war vor allem Braunschweig ein Großabnehmer, wovon die dortigen Stadtkirchen mit ihren hellen Mauern aus Muschelkalk Zeugnis ablegen. Für das Städtchen am nördlichen Elm ist seit dem Anfang des 14. Jahrhunderts ein Marktrecht nachweisbar, einige Jahrzehnte später taucht das erste Mal der Ehrenname Königs-Lutter auf, der den Bezug zum Grab Lothars III. in der oberhalb des Ortes gelegenen Klosterkirche herstellte.

Königslutter besitzt rund um den Marktplatz ein ganz freundliches Stadtbild, wobei der Verlauf der B 1 genau über diesen Platz doch zu einer argen Belastung geworden ist. Der erhaltene Fachwerkbestand reicht kaum über den Dreißigjährigen Krieg zurück, eine Folge der damaligen Verwüstungen. Der Ort soll zeitweise gänzlich ohne Bewohner gewesen sein. Das 18. Jahrhundert brachte mit der Bierbrauerei einen neuen Aufschwung: das hiesige „Duckstein", eigentlich die Bezeichnung für den Kalksinter des Lutterbaches, besaß einen so guten Ruf, dass sich der Preußenkönig Friedrich Wilhelm I. regelmäßig Fässer nach Potsdam bestellte. Ein Bier

▶ Fremdenverkehrsamt der Stadt Königslutter am Elm
Am Markt 1
38154 Königslutter
Tel. (0 53 53) 91 21 29

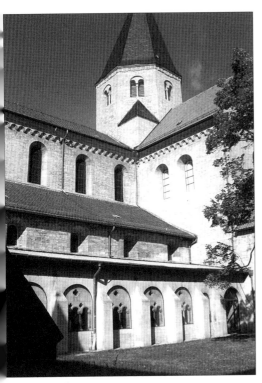
Dom in Königslutter

mit gleichem Namen wird jetzt von einer Braunschweiger Großbrauerei hergestellt. So ist zumindest ein Rest dieser Tradition geblieben.

Die ehemalige Klosterkirche St. Peter und St. Paul, der sogenannte Kaiserdom, kann als das berühmteste romanische Bauwerk des nördlichen Harzvorlandes gelten, das in seiner Bedeutung mit der Grablege der Salier in Speyer konkurrieren kann. Die urkundliche Überlieferung jedoch fließt spärlich. Genaueres wissen wir von der Grundsteinlegung im Jahre 1135, die im Beisein Kaiser Lothars erfolgte; die Vorgeschichte, die Umwandlung eines bestehenden Augustinerinnenstiftes in ein mit Benediktinern besetztes Kloster, lässt sich in groben Zügen verfolgen. Über den Ablauf der Baumaßnahmen fehlt jegliche Art von schriftlichem Nachweis.

Es gehört zu den großen Verdiensten der wissenschaftlichen Kunstgeschichte, den leitenden Meister und seine Herkunft erkannt zu haben. Entscheidend dabei sind die Ostpartien des Bauwerks, die noch in sorgfältigster Großquadertechnik ausgeführt sind und von – bis dahin im Norden unbekannten – Großgewölben überspannt werden. Der Grundriss bildet einen Hauptchor und zwei Seitenchöre aus, die jeweils mit abschließenden Apsiden versehen sind. Gesonderte Apsiden finden sich auch an den Querhausarmen. Über der bildhaft gestaffelten Baumasse erhebt sich der Vierungsturm, dessen Ausgestaltung allerdings erst wesentlich später erfolgte.

Des Rätsels Lösung steckt in der Formensprache der sich im Halbkreis vorwölbenden Hauptapsis, die eindeutig eine Schulung an antiken Vorbildern verrät, die so nur in Italien erwachsen konnte. Als werkführender Meister, der zumindest zeitweilig persönlich anwesend war, kann nun Nikolaus von Verona genannt werden. Lothar muss diesen erfahrenen Baumeister auf seinem ersten Italienzug kennengelernt und auf seine heimische Planung verpflichtet haben. Untersuchungen an Bauten in Verona, Ferrara, Modena und weiteren Orten lassen den Kunstkreis des Nikolaus, sowohl Bildhauer als auch Architekt, deutlich hervortreten. Mit ihm und seiner Werkstatt beginnt in Niedersachsen eine neue Epoche, wobei deren Anregungen in vielfacher Weise weiterwirkten. Ob seine Gesellen später nach Goslar, Hildesheim oder Braunschweig überwechselten oder ob die Vorbilder von einheimischen Werkleuten übernommen wurden, lässt sich im Einzelnen nur schwer bestimmen.

Meister Nikolaus war zugleich ein Schelm, der gern mit doppeldeutigen Motiven spielte. Der berühmte Jagdfries an der Hauptapsis, der in Bildern eine Jagd vorführt, die in ganz erstaunlicher Weise endet, legt davon Zeugnis ab. Genau darüber finden wir eine spiegelverkehrte Inschrift: sie bricht dort unvermittelt ab, wo der Künstlername folgen müsste. Aber sogar die gewählten Worte sind mehrdeutig. Am Dom sind weitere Spuren der norditalienischen Werkstatt aufzufinden, in der Gestaltung des Löwenportales und der Säulen im Kreuzgang. Wie man jetzt annimmt, sind diese Werke jedoch auf Vorrat gefertigt worden. Die Bauausführung nach Lothars Tod lief bald auf ein stark reduzierendes Verfahren hinaus, ohne dass man den Zeitpunkt dieses „Stilbruches" genau angeben könnte.

Ostapsis mit Jagdfries

Der nicht mehr ganz junge Lothar starb auf seiner Rückkehr vom zweiten Italienzug nach kurzer Krankheit bei Breitenwang am Lech. Die Gebeine wurden nach Königslutter gebracht und in der Mittelachse seiner noch unvollendeten Kirche beigesetzt. Durch ergrabene Pfostenspuren ist belegt, dass man die kaiserliche Grablege mit einem hölzernen Überbau schützte. Zwei Jahre später wurde neben ihm der Hoffnungsträger der Familie, sein Schwiegersohn Heinrich der Stolze, weitere zwei Jahre später die Kaiserin Richenza beerdigt. Als einziger Erbe blieb sein Enkel Heinrich der Löwe.

▶ Museum der Stadt Königslutter (Dombauhütte, Stadtgeschichte, Musikmaschinen)
Vor dem Kaiserdom 3
38154 Königslutter
Tel. (0 53 53) 91 21 29
– Neueröffnung voraussichtlich Ende 2004

Es sei noch angemerkt, dass Königslutter in unserer Zeit die Tradition des Nikolaus von Verona wieder aufgenommen hat: in Gestalt der deutschen Meisterschule der Steinmetze und Bildhauer, die früher direkt gegenüber dem Kaiserdom untergebracht war. Diese Räume werden jetzt von einem **Museum** genutzt, das neben anderem die mittelalterlichen Techniken der Steinbearbeitung vorstellt. Bei einer Besichtigung des Domes und seiner Umgebung sollte man die gewaltige Kaiser-Lothar-Linde, vielleicht noch zu dessen Lebzeiten gepflanzt, nicht auslassen. Sie befindet sich südlich der Kirche auf dem Gelände des Landeskrankenhauses, das sich der Pflege psychisch erkrankter Menschen widmet.

Kaiser-Lothar-Linde

Königslutter: Modell am Dom

Der kleine Nachbar im Süden: Wolfenbüttel

Varianten von 28 km (Wolfenbüttel)
bis ca. 50 km (Oderwald, Ösel, Asse)

9

Wolfenbüttels ganz große Zeit umfasst rund zwei Jahrhunderte: als Residenz eines Fürstentums, gefördert durch einige tatkräftige und nicht selten auch kunstsinnige Herzöge. Seitdem diese 1753 ihren Sitz endgültig nach Braunschweig zurückverlegten, begann ein langer Dornröschenschlaf – allmähliche Wiedererweckung im späten 19. Jahrhundert. Wolfenbüttel gilt heute als günstig gelegene, ruhige Wohnstadt; der erhaltene historische Stadtkern und der Schlossbezirk sorgen für das passende Ambiente. Mit dem Fahrrad ist die alte Residenz von Braunschweig aus gut zu erreichen. Der Hinweg an Oker und Südsee entlang sowie die Rückfahrt durch den Stöckheimer Forst und die Trabantenstadt Heidberg gestalten sich ungewöhnlich abwechslungsreich. Für Entdeckungstouren, die über Wolfenbüttel hinausgehen sollen, sind mehrere Vorschläge in Richtung Oderwald, Ösel und Asse angefügt.

Die Strecke Straßenverbindungen führen seit 1000 oder mehr Jahren am Rande des Okertales nach Süden. Daneben sind jedoch – beginnend im 18. Jahrhundert – abkürzende Trassen angelegt worden, die wir jetzt als Abschnitte einer Autobahn (A 395) und einer Bundesstraße (B 79) vor uns haben. Als Radfahrer können wir uns entweder rechts oder links von dieser stark befahrenen Verkehrslinie halten. Der Abwechslung wegen verläuft unsere Tour nach Wolfenbüttel auf der Hinfahrt an Südsee und Oker entlang, dann über den „Alten Weg"; die Rückfahrt auf der anderen Seite der Autobahn durch den Stöckheimer Forst und den Braunschweiger Stadtteil Heidberg.

Aus der Innenstadt, vom Lessingplatz, nehmen wir die Nimesstraße, die uns in den Bürgerpark hineinführt. Immer geradeaus, dann am „Portikus-Teich" links halten. Über eine kleine Brücke erreichen wir die Stelle, an der sich die Oker in zwei Arme teilt. Wir bleiben zunächst auf der linken Seite des Flusses und erreichen durch den Park die Eisenbütteler Straße, dort rechts und nun auf der anderen Seite der Oker durch das Kennelgebiet, zwischendurch ein schöner Blick auf das gegenüberliegende Schlösschen Richmond. Die folgenden 2,5 Kilometer bleiben wir auf dieser Seite und halten uns auf den gut ausgebauten Wegen möglichst dicht am Fluss. Rechter Hand begleitet uns bald der Südsee, dann treffen wir auf die erste querende Straße. Wir wechseln die Fluss-Seite und folgen weiter dem Okerlauf. Zwischen Wiesen und Ufergehölz geht es immer weiter in südliche Richtung, auch wenn gelegentlich ein Altarm einen kleinen Umweg erfordert. Links dann die Kirche von (Braunschweig-) Stöckheim. Um weitere Verwirrung zu vermeiden, soll hier festgehalten werden, dass dieser Ort einst Klein Stöckheim hieß, was den Einwohnern je länger desto weniger gefiel. Denn es gibt noch ein weiteres Stöckheim, nach Wolfenbüttel zu und auf der anderen Seite der Oker gelegen, und jener Ort hieß und heißt Groß Stöckheim. Der kleine aber feine Unterschied bleibt im Folgenden zu beachten.

Unsere Uferroute endet an der Brücke vor Leiferde. Hier nehmen wir die Straße nach Stöckheim, also links, und gelangen nach 600 Metern an eine scharfe Linkskurve, wo wir in einen asphaltierten Feldweg nach rechts einbiegen. Wenn die

Verhältnisse wie früher wären, so hätten wir auf diesem „Alten Weg" in gerader Linie nach ungefähr 3,5 Kilometern den Ortsrand von Wolfenbüttel erreicht. Die Zeiten sind aber andere geworden, denn jetzt liegt die Autobahn dazwischen. Man möchte den Straßenplanern zurufen: „Halt, ihr habt etwas vergessen, nämlich die Wiederherstellung eines Weges, der 1000 Jahre lang benutzt werden konnte." So müssen wir uns auf einen blödsinnigen Umweg einlassen. Also an der Autobahn zuerst nach rechts den Hang der Mittelterrasse hinab, unter der Betonbrücke hinweg, und auf der anderen Seite den Hang wieder hinauf. Oben werden wir immerhin durch eine tolle Aussicht belohnt, das ganze westliche Panorama bis zu den Salzgitter-Bergen liegt bei gutem Wetter vor Augen. Wir setzen dann unsere ursprüngliche Richtung fort. Am Rand des Lechlumer Holzes informiert uns eine Tafel über das „Alte Gericht", eine wahrhaft schauerliche Stätte.

Immer am Waldrand entlang erreichen wir schließlich die querende Straße „Forstweg". Wir können nun einfach in gerader Richtung durch die neueren Ortsteile von Wolfenbüttel weiterfahren, um über den Alten Weg und noch ein paar Meter auf dem Neuen Weg den „Grünen Platz" zu erreichen. Möglich ist aber auch, nach rechts abzubiegen, wieder in die Flussniederung hinunter. 200 Meter vor der Brücke nach Groß Stöckheim links ein Feldweg. Dieser führt uns bald zum Lollo Rosso oder zwischen Kohlrabi und Grünkohl hindurch – Wolfenbüttel, Stadt der Gärtner, einst der Gemüselieferant für Braunschweig. Letztlich gelangen wir zur vielbefahrenen Friedrich-Ebert-Straße, dort ein kleines Stück links zum „Grünen Platz". Nach rechts überqueren wir den Wehrgraben und erreichen Am Herzogtore den alten Zugang zur Stadt und Festung Wolfenbüttel.

Die beiden grundsätzlichen Alternativen an dieser Stelle heißen: Entweder die historische Stadt besichtigen oder weiterfahren. Wer Wolfenbüttel näher kennenler-

Schlossgraben mit Brücke

nen möchte, sollte zunächst versuchen, den Marktplatz zu erreichen, zum Beispiel über die Lange Herzogstraße (nach rechts, hier jedoch Fußgängerzone) oder über den sehr repräsentativen Straßenzug Holzmarkt, Reichsstraße, Kornmarkt (ebenfalls nach rechts, auf Höhe der Trinitatiskirche). Vom Marktplatz geht es über Krambuden hinüber in den Schlossbezirk.

Schlossplatz

Für eine längere Tour über Wolfenbüttel hinaus bieten sich verschiedene Ziele an: nach Südwesten der Oderwald (Variante 1), nach Südosten das Gebiet um den Ösel (Variante 2) und in östliche Richtung die bewaldete Asse (Variante 3). Für alle Wege nehmen wir vom Herzogtore zunächst den Straßenzug Breite Herzogstraße / Lange Straße geradeaus.

Hausmannsturm

Variante 1. Um in den Oderwald zu gelangen, am jenseitigen Stadtausgang rechts (Robert-Everlien-Platz) und über Harztorwall zur Bahnhofstraße, dort links und immer geradeaus, und zwar 2 Kilometer. „Im Kalten Tale" steigt dann bereits deutlich an und auf der Höhe, nach einem leichten Links-Schwenk, haben wir den Oderwald direkt vor uns. Wir erreichen den Wanderparkplatz nahe der Posteiche. Das Waldgebiet erstreckt sich rund 9 km nach Süden und besitzt eine Breite von max. 4 Kilometern, da wird man sich kaum dauerhaft verirren. Das Wegenetz ist ziemlich unregelmäßig und lässt sich schwer beschreiben; mit eigenen Erkundungen wird man nach und nach ganz unterschiedliche Facetten des Oderwaldes entdecken können. Für den Anfang könnte man den „Kammweg" wählen: zuerst an der Lichtung entlang bis zur Posteiche, hier jetzt links halten.

Nach 2 Kilometern, wo es geradeaus nicht mehr weitergeht, dem Abzweig nach links folgen, der steil nach Ohrum hinunterführt (Bremsen in Ordnung?). Neben der alten B 4 über Halchter nach Wolfenbüttel zurück.

Variante 2. Zunächst die Lange Straße am Lessingtheater vorbei und hinter dem breiten Stadtgraben nach links in den Park. Auf dem Radweg zwischen dem alten Wasserturm und dem Schwimmbad hindurch zur kleinen Okerbrücke, dahinter gleich rechts und knapp einen Kilometer durch die Wiesenlandschaft der Oker-Aue nach Süden bis zur Halberstädter Straße. Auf der Halberstädter Straße nach Osten bis zur ersten großen Kreuzung, dort rechts, Ausschilderung nach Neindorf. An den Landstraßen dann separate Radwege. Neindorf liegt westlich der Öselkuppe, Klein Denkte nördlich des kleinen Berges, von beiden Orten gibt es Zuwege zur Anhöhe. Besonders empfehlenswert ist ein Besuch des Ösels zur Süßkirschenzeit, denn im nördlichen Teil befinden sich aufgegebene Kirsch-Plantagen.

Für Variante 3 mit Ziel Asse wie bei Empfehlung 2 bis zur Halberstädter Straße und dann auf dieser durch den Ortsteil Linden hindurch nach Wendessen. Nach Groß Denkte entweder den einen Kilometer neben der B 79 (mit Radweg) oder durch das Altenau-Tal: Dorfstraße, Kirchring, Am Gute, dann durch die Feldmark bis zum zweiten alleinstehenden Anwesen, wo sich der Weg gabelt; dort nach rechts, Bahnübergang, Feldweg links und an der Landstraße unterhalb des „Falkenheimes" nach rechts. In Groß Denkte nimmt man die Hauptstraße (so der ausgeschilderte Name), von der der Bleierweg abzweigt. Dieser führt in gerader Linie am Sportplatz vorbei in die Asse. Wie für den Oderwald gilt auch hier, dass sich das Wegesystem nicht mit wenigen Worten beschreiben lässt; eigene Erkundungen empfohlen. Hingewiesen werden soll aber auf das Wirtshaus „Zur Asse", das immer geradeaus ohne größere Steigungen zu erreichen ist. Zuvor rechts an der Waldwiese der Abzweig zum Aussichtspunkt Bismarckturm; in dessen Nähe auf dem Hauptkamm ist die Ruine der Asseburg zu finden. Für eine Rundtour müsste man am Wegekreuz vor der Waldwiese den Weg nach links hinüber wählen, der über den Festberg auf die Landstraße bei Mönchevahlberg führt; diese erreicht in einem nordwestlichen Bogen um die Asse herum wieder Groß Denkte. Insgesamt wären für einen solchen Rundkurs von Wolfenbüttel aus etwas mehr als 20 Kilometer zu veranschlagen.

Rückfahrt von Wolfenbüttel nach Braunschweig. Zur Abwechslung nehmen wir vom „Grünen Platz" den Neuen Weg (B 79) nach Norden. Jenseits von Forstweg und Waldweg beginnt das Lechlumer Holz. Bald haben wir das Sternhaus erreicht; der Name nach dem Wegestern, der hier seinen Mittelpunkt besaß. Wir nutzen die Chance, uns von der Straße zu entfernen, und halten uns halb rechts. Zwei Kilometer geradeaus auf einem manchmal etwas holperigen Weg, dafür aber schöne Waldpartien. Wir bemerken jetzt eine Wegmarkierung: weißes X auf schwarzem Grund, der europäische Fernwanderweg von der Ostsee zur Adria. Über die nächste Teerstraße einfach hinweg (es ist die Verbindung Stöckheim – Salzdahlum) und immer weiter geradeaus, zunächst noch durch Wald, der nach rechts zurücktritt, dann durch die Felder bis zur nächsten Verbindungsstraße: links nach Stöckheim, rechts nach Mascherode.

Wir wählen links. Wer schnell wieder zurück zum schönen Uferweg an der Oker will, fahre nach Stöckheim hinein. Andere Impressionen ergeben sich bei einer Fahrt durch das Großsiedlungsgebiet Heidberg. Dafür biegen wir nach 200 Metern, vor der A 395, in die Straße Bruchanger ein. Über Kolberg-, Greifswald- und Stettinstraße erreichen wir den Sachsendamm. Erstaunlicherweise fehlt hier eine Weisung für Radfahrer in die Innenstadt. Dabei bieten sich mehrere gute Möglichkeiten an: Entweder den Sachsendamm nach links über die A 395 hinweg und dann in dieser Richtung weiter bis nach Alt-Melverode, wo neben der sehenswerten romanischen Kirche der Weg zu einer kleinen Okerbrücke hinunterführt; die Rückfahrt führt dann am Südsee entlang. Oder man nimmt den „Stadtweg für Ortskenner", der zunächst dem Sachsendamm nach rechts folgt, Wittenbergstraße nach links und weiter die Magdeburgstraße, an deren letzter Biegung sich ein versteckter Übergang über die Autobahn 39 ergibt („Rohrwiesensteg"). Dahinter nach links hinüber, durch einen kleinen Tunnel unter der Wolfenbütteler Straße hindurch, dann rechts halten. Nun radelt man unterhalb des Schlosses Richmond an der Oker entlang. Ein Seitenwechsel über die nächste Brücke ist noch erforderlich. Die letzte Wegstrecke führt wieder durch den Bürgerpark und zum Ausgangspunkt zurück.

Blick auf Wolfenbüttel

Die Landschaft Wolfenbüttel und Braunschweig sind miteinander durch die Talung der Oker verbunden. Die landschaftliche Situation und die Lage zum Fluss unterscheiden sich jedoch beträchtlich. Während Braunschweigs nähere Umgebung flach ausgebreitet ist, wobei wir vom Nussberg östlich der Stadt einmal absehen, so umziehen Wolfenbüttel bereits deutlich ausgeprägte Randhöhen. Diese erlauben an verschiedenen Punkten einen guten Überblick über die gesamte Ansiedlung (in unserem Tourenvorschlag z.B. südwestlich der Stadt, Fahrtvariante Oderwald).

Die Beziehung zum Fluss mit seiner überschwemmungsgefährdeten Aue ist bereits in den ersten Anfängen der beiden Siedlungen ganz unterschiedlich gewesen. Für Braunschweigs Entwicklung war die Einengung der sumpfigen Aue entscheidend, die einen sehr kurzen Furtweg ermöglichte. In Wolfenbüttel hingegen dehnt sich die Fluss-Aue über fast 500 Meter Breite aus, und gerade diese Tatsache wurde für die Anlage einer ersten Wasserburg entscheidend: je größer der Sumpf, desto schwieriger musste eine feindliche Annäherung ausfallen. Natürlich erforderte der Zugang eine Wegebefestigung, einen Damm, der dann später den Ansatzpunkt für den Siedlungsausbau bilden konnte. Die ältesten Teile Wolfenbüttels, zwischen Auguststadt und Juliusmarkt, liegen jedoch vollständig in der Flussniederung, was bis heute gravierende Probleme mit sich bringt.

Die Oker-Aue in südlicher Richtung ist in Braunschweig von einer Bebauung ausgespart geblieben. Eine Naturlandschaft finden wir dennoch nicht vor, sondern großzügig in gartenkünstlerischer Manier gestaltete Parkanlagen, beginnend mit dem Bürgerpark und sich fortsetzend im Kennelgebiet unterhalb des Schlosses Richmond. Stauwerke älterer Mühlen, wie an der Eisenbütteler Straße und in Rüningen, tragen ihren Teil zur Formung der Flusslandschaft bei, in der wir Mäander nur noch an wenigen Stellen als Altarme vorfinden. Die Verkürzung des Laufes, das Durchstechen der Mäanderschlingen, wurde bereits im 18. Jh. begonnen, um die geplante Schifffahrtslinie Wolfenbüttel – Braunschweig einzurichten. Dieser Transport über den Wasserweg erlebte für einige Jahrzehnte eine Blüte, die Flößerei überlebte etwas länger, bis auch diese von der Eisenbahn verdrängt wurde.

Straßenverbindungen mieden die feuchte Niederung und hielten sich an die trockenere Talsandterrasse, an deren Rand auch die Dörfer zu finden sind. Die älteste Wegeverbindung östlich der Oker führte durch Melverode und (Klein-) Stöckheim auf der Terrassenkante entlang, um dann die Anhöhe am Lechlumer Holz zu gewinnen. Auch heute noch heißt diese Verbindung „Alter Weg" und reicht bis vor das Wolfenbütteler Stadttor. Der „Neue Weg" war zunächst eine Privatstraße mitten durch das Lechlumer Holz, verschlossen mit Gittertoren und nur mit Erlaubnis des Herzogs zu benutzen. Hier mag es etwas bequemer gewesen sein, die Distanz zwischen beiden Städten blieb aber bei zehneinhalb Kilometern.

Mit den Fahrtenhinweisen, die über Wolfenbüttel hinausführen, gelangen wir in das (ostbraunschweigische) Hügelland, das durch eine Abfolge von kleinen und großen Höhenrücken geprägt ist, zwischen denen sich breitere lössbedeckte Muldenzonen ausdehnen. Die Asse gehört zu den herzynisch ausgerichteten Höhenrücken, in ihrer Generalrichtung dem Harzrand folgend, d.h. von Nordwest nach Südost verlaufend (ähnlich im Harzvorland auch Elm, Dorm, Harly und weitere). Bei dem sehr viel kleineren Ösel ist die Ausrichtung nicht so deutlich abzulesen, man müsste hier eher von einem pilzförmigen Aufdringen eines Salzstockes sprechen. Sowohl in der Asse als auch am Ösel wurde über längere Zeit hinweg erfolgreich der Bergbau auf Salz betrieben, allerdings mit einer Differenzierung nach Kali- und Steinsalz. Die Unternehmung am Ösel endete im Desaster – Wassereinbruch, Einsturz – und auch in der Asse führten Laugenzuflüsse zur Aufgabe der Schächte I und III. Im Asse-Bergwerk II wurde 1967 ein Versuchsendlager für schwach- und mittelradioaktives Material eingerichtet, wobei die nachfolgende Hohlraumverfüllung mittlerweile fast abgeschlossen ist. Der sogenannte Versuch muss damit als unumkehrbar bezeichnet werden.

Der Oderwald, nach dem Elm mit 35 qkm das größte geschlossene Waldgebiet des Harzvorlandes, folgt als nur leicht aufgewölbter Sattel in seiner Längenerstreckung der Nord-Süd-Richtung, als „rheinisch" bezeichnet. Worauf die unterschiedliche Richtung der Höhenzüge letztlich zurückgeht, kann nur vermutet werden. In jedem Fall ist aufdringendes Salz beteiligt, das die auflastenden Schichten mit einer Art Urgewalt aufgebogen hat. Aber warum folgen diese Schwächezonen einem verborgenen Liniennetz? Als Erklärung wird von seiten der Geologie ein Schollenmosaik in der tieferen Erdkruste angenommen, ungefähr 2–3 Kilometer unter der heutigen Oberfläche. Was das „rheinische Streichen" angeht, so lassen sich entsprechende Hebungslinien – mit abnehmender Tendenz – bis Braunschweig verfolgen. Der Aussichtspunkt am Nordwest-Rand des Lechlumer Holzes („Altes Gericht", siehe Route) befindet sich auf der östlichen Randhöhe des Okertales und ermöglicht einen Ausblick auf den Thieder Lindenberg (mit Wasserturm) und den Steinberg bei Broitzem (Funkturm), die als nördlich abtauchende Fortsetzung des Oderwald-Sattels verstanden werden können.

Die Waldbilder von Asse und Oderwald unterscheiden sich aufgrund der andersartigen Bodenvoraussetzungen und der jeweiligen Nutzungsgeschichte. Wenn der Wechsel zwischen Buchen, Eichen und kleineren, eigentlich standortfremden Nadelholzbeständen in der Asse zum Teil noch Gesteinsunterschiede berücksichtigt, so sind es im Oderwald die verschiedenen Besitzanteile der anliegenden Dörfer, die zu einem recht „bunten" Laubmischwald auf den Plänerkalken der Oberen Kreide geführt haben. Aber auch hier finden wir sehr ausgedehnte Rotbuchenbestände, die den auf unserer Tour berührten nördlichen Teil und auch den stärker zerschnittenen Ostrand, zum Okertal hin, einnehmen. Der Ösel besitzt nur einen geringen Waldbestand; dort finden wir Gebüsche und in weiter Verbreitung Flächen mit Kalkmagerrasen, die auf eine seit Jahrtausenden ausgeübte extensive Beweidung zurückgehen. Sie sind wegen ihres Blütenreichtums bei Naturfreunden bekannt und beliebt.

Hofbeamtenhäuser an der Reichsstraße

Geschichte

Erstmals findet der Name Wolfenbüttel 1118 Erwähnung: in einer Urkunde wird ein Widekindus von Wulferesbutle als Zeuge aufgeführt, den wir durchaus als Herrn einer Burg ansehen können. Einige Jahrzehnte später wird um diesen Platz bereits gekämpft, wobei die Welfen letztlich das Feld behaupten. Die spätere Entwicklung ist dann nur in Hinsicht auf das nahe Braunschweig zu verstehen. Die Welfen, seit 1267 in mehrere Familienlinien gespalten, verloren in der „Stadt Heinrichs des Löwen" zunehmend an Terrain und konnten schließlich den Braunschweiger Burgbezirk nicht mehr nutzen – die Geschichte einer allmählichen Verdrängung.

Die Wolfenbütteler Linie, wenn wir diese Bezeichnung als Vorgriff wählen, nahm zunächst wechselnde Burgen als Aufenthaltsort, unter anderem die Asseburg (diese Tour, Fahrtvariante Asse). Erst seit 1432 tritt die Rolle Wolfenbüttels als dauerhafte Residenz hervor, ein Vorgang, der mit der allmählichen Ausbildung einer festen Hofhaltung verbunden ist. Am Ende des 15. Jahrhunderts beginnen die Versuche der Herzöge, die Stadt Braunschweig wieder ihrer Botmäßigkeit zu unterwerfen: trotz wiederholtem Einsatz militärischer Mittel bis 1671 ohne Erfolg. Im Zuge einer ersten Auseinandersetzung ging jedoch die Asseburg 1492 in Flammen auf und wurde nie wieder aufgebaut.

Wenn sich auch die Wasserburg Wolfenbüttel in der ersten Hälfte des 16. Jahrhunderts unter Hz. Heinrich dem Jüngeren in eine moderne Festung verwandelte, so war dies, auch mit ihrer vorgelagerten Siedlung, immer noch keine Stadt. Als deren eigentlicher Gründer muss Herzog Julius (1568–1589) gelten, der sich entsprechend abfällig über die vorhandene Bebauung äußerte. „Schnurrichtige, räumige Straßen" sollten jetzt entstehen; die vorhandenen Häuser wurden abgetragen.

Das heutige Wolfenbüttel repräsentiert noch in weiten Teilen die damals planmäßig angelegte Renaissance-Stadt, was ihr eine besondere Stellung innerhalb der deutschen Stadtbaugeschichte sichert. Soweit man erkennen kann, wurde vom Herzog ein Planungsstab zusammengerufen, der neben Theoretikern auch erfahrene Wasserbauer aus den Niederlanden umfasste. Die Hauptachsen der neu angelegten „Heinrichstadt" zielten alle auf die gewaltigen Festungsdämme und wurden als Grachten angelegt, was heute noch an der Reichsstraße indirekt abzulesen ist. An den wichtigeren Straßen entstanden sehr geräumige Wohnbauten für Hofbeamte, Offiziere und Kaufleute, während die Nebenstraßen für das kleinere Gewerbe vorgesehen waren. Bezeichnenderweise wurde ein Rathaus, trotz der 1570 verliehenen Stadtrechte, erst später in einem der Bürgerhäuser eingerichtet. Die Stadt blieb, auch in den folgenden Ausbaustufen, ein Geschöpf der Herzöge.

Die Nachfolger von Herzog Julius fügten dem Stadtgebilde eine Vorstadt im Osten hinzu, zunächst unter dem Namen „Gotteslager" projektiert, und im Westen die Auguststadt, die Kennzeichen einer durchdachten Planung verrät, ohne dabei in starren Schematismus zu verfallen. Der Stadtausbau fand gegen Mitte des 18. Jahrhunderts sein Ende, da 1753 die herzogliche Residenz von Wolfenbüttel nach Braunschweig zurückverlegt wurde. Innerhalb kurzer Zeit sank die Einwohnerzahl von etwa 12.000 auf die Hälfte herab. Dies war das Wolfenbüttel Lessings, das ziemlich still dalag, aber einen großen Schatz einstiger Blüte bewahrte: die Büchersammlung der Herzöge, die man zeitweilig als achtes Weltwunder angesehen hatte.

Marktplatz, „Reiterdenkmal"

Krambuden und Lange Herzogstraße

Die Herzog August Bibliothek, eine bedeutende Forschungsstätte zur Geschichte der frühen Neuzeit, ist mittlerweile zum Kristallisationskern für weitere Einrichtungen geworden, denen – wie etwa der Bundesakademie für kulturelle Bildung – eine nationale Ausstrahlung zukommt. Auch das Stadtbild, das mehrere hundert Fachwerkhäuser im geschlossenen Bestand aufweist, trägt dazu bei, dass Wolfenbüttel heute eine große Attraktivität für Gäste und Besucher besitzt.

Wenn wir unseren Stadtspaziergang, von Norden kommend, durch die Lange Herzogstraße beginnen, so haben wir damit die Richtung auf den Schlossbezirk eingeschlagen. Nach links sehen wir über den Marktplatz, bevor es in die gewundene Gasse Krambuden hineingeht. Wir durchqueren nun einen Bereich, der in der ersten Planung noch von fester Bebauung freigehalten war, um Schussfeld für die Kanonen der Dammfestung zu gewinnen. Nach rechts sollten wir einen Abstecher zu einem recht malerischen Ausblick auf einen der Wasserläufe nicht versäumen, im Volksmund „Klein Venedig" genannt. Dann öffnet sich der weite Schlossplatz und wir haben die barocke Schaufront des Schlosses vor Augen, die von dem älteren Hausmannsturm überragt wird. Auf der rechten Seite erstreckt sich das gewaltige Zeughaus, dahinter, etwas zurückliegend, das Hauptgebäude der Bibliothek. Dem Besucher bieten sich nun mehrere Besichtigungen an.

Im Schlossmuseum kann in vierzehn reich ausgestatteten Gemächern die höfische Wohnkultur der Barockzeit nachempfunden werden. Deckenmalereien und Intarsienwände, Möbel und Teppiche bilden das Rauminterieur, daneben werden Silber- und Porzellansammlungen vorgestellt. Weitere Räume behandeln die städtisch-bürgerliche Geschichte.

Zwischen Schloss und Bibliothek befindet sich das **Lessinghaus**. Das kleine Museum ist den Wolfenbütteler Jahren des Dichters Gotthold Ephraim Lessing gewidmet, der von 1770 bis zu seinem Tode 1781 als Leiter der Bibliothek

▶ Herzog August Bibliothek:
Museale Räume im
Lessinghaus
Lessingplatz 2
38304 Wolfenbüttel
Tel. (0 53 31) 8 08 - 0
Di–So: 10–17 Uhr

Die alte Kanzlei

Lessinghaus

verpflichtet war und zuletzt auch in diesem Gebäude wohnte. Zwar befreite ihn die anständige Bezahlung des Herzogs von einigen Sorgen, doch fallen eben in diese Zeit auch unglückliche Ereignisse. Im Oktober 1776 heiratete er, im Januar 1778 aber verstarb seine Frau Eva bereits. Lessing fühlte sich von Beginn an etwas einsam in Wolfenbüttel, nutzte jedoch die Situation zu ausgiebigen Studien und zur schreibenden Tätigkeit. In Braunschweig unterhielt er eine kleine Zweitwohnung, um dort am kulturellen Leben teilzunehmen. Heute werden in fünfzehn Räumen im Lessinghaus wesentliche Aspekte seines Lebens dargestellt.

Einen internationalen Ruf genießt die **Herzog August Bibliothek**. Benannt ist sie nach Herzog August dem Jüngeren (1635–1666), der in großem Umfang Bücher beschaffen ließ und diese auch selbst katalogisierte, begründet hat die Sammlung allerdings schon Herzog Julius. Die Bibliothek verfügt über einen kostbaren Bestand von Handschriften und besitzt zahlreiche seltene Werke aus der Anfangszeit des Buchdrucks, von denen eine Auswahl als Dauerausstellung präsentiert wird. Zum Bibliotheksquartier gehören ferner das Zeughaus und der dahinter liegende Kornspeicher, der für Sonderausstellungen genutzt wird.

Wenn wir gerade bei Museen sind: Nicht unerwähnt bleiben soll die Abteilung Ur- und Frühgeschichte des **Braunschweigischen Landesmuseums** in der Kanzleistraße (nähe Marktplatz). Hier erhält man einen informativen Überblick über die ältere Kulturgeschichte, die von den Jägern und Sammlerinnen der Altsteinzeit bis in das frühe Mittelalter ausgebrei-

▶ Herzog August Bibliothek:
Museale Räume der
Bibliotheca Augusta
Lessingplatz 1
38304 Wolfenbüttel
Tel. (0 53 31) 8 08 - 0
Di–So: 10–17 Uhr

▶ Braunschweigisches
Landesmuseum
Abteilung Vor- und
Frühgeschichte
Kanzleistraße 3
38300 Wolfenbüttel
Tel. (0 53 31) 2 70 71
Di–Fr: 10–17 Uhr
So: 10–17 Uhr

Herzog August Bibliothek

tet wird. Die Sammlung der Landesarchäologie ist übrigens im ehemaligen Regierungsgebäude des Fürstentums untergebracht; hier residierte der Kanzler, der Anfang des 17. Jahrhunderts ein Gebiet von Halberstadt bis Minden zu verwalten hatte. Im Hauptgeschoss haben sich Einbauten mit unzähligen Schubladen erhalten, in denen Schriftstücke aufbewahrt wurden.

Bei unserem historischen Stadtrundgang sollten wir den Straßenzug Kornmarkt – Reichsstraße keinesfalls auslassen, der über eine schmale Verbindung vom Marktplatz aus zu erreichen ist. Wie schon erwähnt, geht die außerordentliche Breite auf die Anlage einer mittleren Gracht zurück. Daneben finden wir südlich die Marienkirche, die zu den ersten protestantischen Kirchbauten in Deutschland gehört (Paul Francke, ab 1604). Die Bauunterhaltung bereitet allerdings wegen des sumpfigen Untergrundes bis heute enorme Probleme. Als festliche Kulisse für den sich anschließenden Holzmarkt dient die Trinitatiskirche (Hermann Korb, ab 1716), die in ihrer Disposition mit den seitlichen Durchfahrten an das ehemals hier befindliche Kaisertor erinnert. Die Fassadengestaltung zeigt starke Anklänge an das etwa gleichzeitig errichtete Schloss Salzdahlum, dessen Baulichkeiten aus Kupferstichen bekannt sind.

ie Giebel der Marienkirche

St. Trinitatis

Ganztagestour: Pfalz Werla, Goslar

Pfalz Werla ca. 35 km (Bhf. Schladen),
Goslar ca. 55 km (Bahnrückfahrt)

10

Die Fahrt nach Goslar, die auf weiten Strecken flussaufwärts an der Oker entlang führt, geht über das Ziel dieses Buches, Fahrradwege „rund um Braunschweig" vorzustellen, deutlich hinaus. Die Ganztagestour versteht sich als Ergänzung für RadlerInnen, die das nähere Umland bereits erkundet haben. Die Strecke selbst ist nicht allzu schwierig zu fahren, aber so lang, dass sie realistisch nur in Kombination mit einer Bahnrückfahrt zu bewältigen ist.

Als erste Etappe oder auch als selbstständiger Zielpunkt kann die „verschwundene" Pfalz Werla bei Schladen genommen werden, die historisch den Vorläufer des kaiserlichen Bezirkes in Goslar darstellt. Ein wesentlicher Teil der Baulichkeiten konnte durch Ausgrabungen erfasst werden. Ein Bahnhof zur Rückfahrt liegt auch dort in erreichbarer Nähe.

Die Strecke Der Streckenverlauf bis nach Wolfenbüttel ist bei der vorangehenden Tour genau beschrieben worden, so dass wir uns hier auf einige Notizen und Hinweise auf mögliche Abkürzungen beschränken können.

Wie bei allen Touren Richtung Süden verlassen wir Braunschweigs Stadtzentrum durch den Bürgerpark. Dann weiter am Fluss entlang, durch das Kennelgebiet, am Südsee vorbei, die Oker stets zu unserer Linken. Der erste Abschnitt der „Okerfahrt" endet an der Straßenbrücke Rüningen – Stöckheim. Die gemächliche Route führt weiter am Fluss entlang, aber auf der anderen Seite. Wenn man dort jedoch die Fahrstraße am Wiesenrand wählt, in derselben Richtung nach Süden, verkürzt man die Strecke um einiges (zunächst Rüninger Weg, geradezu dann Alter Weg). Auf diesem Alten Weg erreicht man Wolfenbüttel in gerader Linie, theoretisch, wenn da nicht der ärgerliche Umweg für die Autobahnunterquerung wäre.

Die Vermeidungsstrategie läuft auf eine Berührung mit den Autobahnzubringern hinaus, wenn auch auf eigenem Radweg: der abknickenden Vorfahrt des Rüninger Weges nach links folgen („Hohes Feld"), Leipziger Straße nach rechts, Blick auf das spätbarocke Weghaus, weiter nach Süden, über die A 395 hinweg und direkt vor dem Lechlumer Holz den Weg nach rechts hinüber, der allmählich nach links einschwenkt. Dort hat man den Alten Weg wieder, der uns nach gut 3 Kilometern bis kurz vor den „Grünen Platz" bringt. Über diese Verkehrsdrehscheibe am Nordrand der Wolfenbütteler Innenstadt dann geradeaus hinweg und in die Altstadt hinein. Die Breite Herzogstraße und die Lange Straße gehen längs durch Wolfenbüttel hindurch in Richtung Süden (dies ist die Trasse der einstigen Bundesstraße B 4, der wir auch im weiteren Fahrtverlauf mehrfach begegnen; sie ist nach dem Bau der Oderwaldautobahn zur Landesstraße herabgestuft worden und nur noch mäßig frequentiert).

Also zunächst an Schwimmbad und an Sportanlagen vorbei, dann über die Bahn bis zur großen Straßenkreuzung vor Halchter, hier links und durch den Ort hindurch. Wir nehmen nun den alten Fernweg durch das Okertal, an dem sich wie Perlen auf der Schnur die Dörfer aufreihen. Der Fluss ist aber in diesem Tour-Abschnitt zumeist nur auf Stichwegen

133

oder auf kleinen Wegeschleifen zu erreichen, wie sich eine am Bungenstedter Turm ergibt. Hier nach links Richtung Windmühle, dann sich rechts haltend in die Aue und dort dem Weg folgend bis zur Ortseinfahrt Ohrum. Hier fand übrigens die erste große Sachsentaufe durch Karl den Großen statt, wohl an der einst berühmten Furt (heute Straßenbrücke Richtung Neindorf bzw. Kissenbrück).

Unser Weg führt jedoch geradeaus durch Ohrum Richtung Dorstadt, dort am Klostergut vorbei. Nun ergibt sich ein längeres Fahrtstück an der Oker entlang: links in die „Alte Dorfstraße", gerade weiter hinunter in die Fluss Aue mit schönem Blick auf das Gutshaus und die Ruine der gotischen Klosterkirche. Über das kleine Flüsschen Warne hinweg und dann vor der Okerbrücke rechts. Nach 3,5 Kilometern über meist passable Feldwege ist die querende Straße Börßum – Heiningen erreicht.

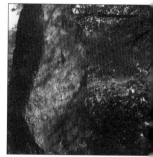

Kaiserpfalz Werla, Gedenkstein

Wir könnten jetzt brav die Autostraße nehmen und über Heiningen und Werlaburgdorf das Etappenziel „Pfalz Werla" erreichen. Hier fehlt jedoch teilweise der Radweg, andererseits ergibt sich ein weiter Ausblick. Als Fahranweisung wäre festzuhalten, dass man bei Werlaburgdorf (ob unten im Ort oder oben auf der alten B 4) eine Bahnlinie quert; von dort aus sind es auf der Straße 1100 Meter bis zu einem guten Feldweg, der nach links genau auf das Plateau der verschwundenen Pfalz zuführt. Merkzeichen ist der hohe Lindenbaum, neben dem der Gedenkstein zu finden ist.

Oder wir stürzen uns in ein kleines Abenteuer. Also zunächst nach links, zum Ortsrand Börßum, die Oker auf der Straßenbrücke überqueren, dann sofort wieder rechts am Fluss entlang. Wir fädeln bald in einen Feldweg ein, der in wechselndem Abstand etwa parallel zur Oker verläuft; in Zweifelsfällen halten wir uns immer rechts und gelangen an die Warnetalbahn, die Börßum und Salzgitter-Bad verbindet, jetzt aber nur noch für Museumszüge bereitsteht. Wir fahren auf einer Rampe den Bahndamm hinauf und stehen vor einem Andreaskreuz, das die Eisenbahnbrücke als Bahnübergang ausweist. So gelangen wir über die Oker. Da sich der Weg dann nach rechts hinunter neigt, entsteht leider ein Problem, denn wir müssen nach links hinüber. Das geht über einen niedrigen Deich, der direkt hinter dem letzten steinernen Pfosten der Brücke ansetzt. Nach 200 Metern, die man besser schiebend bewältigt, ist eine halb zerfallene Bauernbrücke erreicht. Knapp 200 Meter nach rechts und wir haben unsere Hauptrichtung wieder: nun nach links, das heißt nach Süden. Dieser Weg geleitet uns später rechts einschwenkend den Hang hinauf, von wo wir den hohen Lindenbaum erkennen, der uns nach links den Weg zum Gedenkstein für die **Königspfalz Werla** weist. Hier wird Zeit für eine Pause sein und sicher auch für einen historischen Rückblick (Kapitel „Geschichte").

Das Werlaplateau verlässt man nach Süden auf einem Feldweg, der recht steil in die Oker-Aue hinunterführt. Der Rest ist einfach, immer am Fluss entlang nach Süden. In Schladen erreicht man an der „Mühlenstraße" das **Heimatmuseum**. Von Schladen aus lässt sich die Rückfahrt per Bahn organisieren: über Mühlenstraße in den Lindendamm nach links, an der Ampelkreuzung wieder links und 700 Meter bis zum Bahnhof. Es sei aber noch eine besondere Attraktion erwähnt: das „Nordharzer Schlangenparadies". In Europas größter **Schlangenfarm** gibt es über 1300 Gift- und Riesenschlangen, ferner sind Vogelspinnen, Skorpione, Geckos, Krokodile und noch andere nicht ganz alltägliche Tiere zu sehen. Zur Schlangenfarm geht es von der Mühlenstraße nach rechts den Berg hinauf, hinter dem Friedhof links und an der nächsten Teerstraße rechts, dann immer geradezu.

Die Fahrt nach Goslar setzt man über den Lindendamm und dann weiter geradeaus durch die Harzstraße fort. Von dieser zweigt nach rechts der „Wasserweg" ab. In der Fortfolge wandelt er sich zu einem wenig befahrenen Sträßchen, das uns am Sudholz vorbei nach Wehre bringt. Dort rechts halten, den Berg hinauf und an der Kirche vorbei Richtung Weddingen.

Am Ortsausgang von Wehre ist eine Entscheidung fällig. Luftlinie nach Goslar sind es von hier 11 Kilometer. Enweder man nimmt den kürzesten Weg, Landstraße nach Weddingen und über Immenrode nach Goslar hinunter: an sich ziemlich ereignislos, ab Immenrode immerhin mit schönen Ausblicken auf den Harz. Oder man wählt die Route über Klein

▶ Heimathaus „Alte Mühle"
Mühlenstraße 1
38315 Schladen
Tel. (0 53 35) 275
jeden 1. Sonntag
im Monat: 15 – 17 Uhr,
Sonderführungen
nach Absprache

▶ Schlangenfarm Schladen
Gewerbegebiet
38315 Schladen
Tel. (0 53 35) 17 30
Täglich:
9 – 18 Uhr (April – Sept.)
9 – 17 Uhr (März, Okt.)
9 – 16 Uhr (Nov.–Feb.),
Sonntags ab 15 Uhr
öffentliche Tierfütterungen

und Groß Döhren nach Weddingen, die weniger Steigungen besitzt und am vorderen Rand des südlichen Salzgitter-Höhenzuges entlangführt. Dazu biegt man in Wehre hinter dem letzten Haus rechts in die Feldmark ein, in Klein Döhren immer geradeaus und dann rechts halten in Richtung Liebenburg, in Groß Döhren dann gleich die Wegweisung nach Weddingen. Und als dritte Möglichkeit: in Groß Döhren ein kleines Stück geradeaus, dann links in die Mühlenstraße Richtung Hahndorf. Dieser Weg führt in den Höhenzug hinein und zwischen den beiden bewaldeten Kammlinien hindurch. Diese Variante wartet mit einigen deftigen Steigungen auf und muss in ihrem Fortgang etwas genauer beschrieben werden.

Groß Döhren nach Hahndorf führt an mehreren alten Eisenerzbergwerken vorbei, die man aus der Entfernung an den Halden und einzeln liegenden Gebäuden erkennt. In Hahndorf auf dem „Weißen Weg" der Straße folgend bis zur „Försterbergstraße", in diese links einbiegen und den Hang hinauf. 150 Meter am Waldrand entlang, dann den Forstweg nach rechts, der geradeaus zum Klostergut Grauhof führt; am Ende ein kleiner Schlenker zwischen zwei Teichen hindurch.

Goslar, Marktbrunnen

Vorläufer der heute noch genutzten Klosteranlage war ein Wirtschaftshof des Augustiner-Stiftes vom Goslarer Georgenberg. Die bestehenden Baulichkeiten stammen aus dem Anfang des 18. Jahrhunderts und verkörpern einen italienisch geprägten Barockstil; die Innenausstattung der Kirche ebenfalls aus jener Zeit.

Wir tasten uns an der Klostermauer entlang Richtung Südwesten. Der leicht ansteigende Feldweg führt schließlich auf den Waldrand zu (an der Weggabelung im Feld rechts). Durch den Wald gelangen wir zur „Fliegerhorststraße", gleich dann die „Lilienthalstraße", diese nach rechts, bald die „Köslinstraße", in die wir nach links einbiegen. An der „Robert-Koch-Straße" kurz rechts, dann in die „Feldstraße" nach links. Diese führt uns über die autobahnähnliche B 6 hinweg und dann nach einem Kilometer bis vor das Breite Tor, den Eingang zur Altstadt. Vorher muss man aber noch einmal aufpassen: kurz vor dem Ende der Feldstraße, auf

Höhe der „Wilhelm-Busch-Straße", ist der Radweg nach rechts zu nehmen, der unter zwei Brücken hindurchtaucht. Rechts ist dann das alte Stadttor mit seinen Bastionstürmen zu sehen.

Die Orientierung in Goslar ist – von dieser Seite kommend – einfach. Durch das Breite Tor und die Breite Straße gelangt man zum Marktplatz mit Brunnen, Rathaus und Tourismus-Information. Hinter der Marktkirche geht es links über den Hohen Weg zur **Kaiserpfalz** hinüber, nach rechts führen annähernd alle Wege irgendwie zum Bahnhof. Und geradeaus gelangt man zum Stadtausgang in Richtung Rammelsberg, wenn man denn das berühmte Erzbergwerk besuchen will.

▶ Kaiserpfalz Goslar
Kaiserbleek 6
38640 Goslar
Tel. (0 53 21) 3 11 96 93
Täglich:
10–16 Uhr (Nov.–März)
10–17 Uhr (April–Okt.),
Führungen zur vollen Stunde

Marktplatz mit Rathaus und Adlerbrunnen

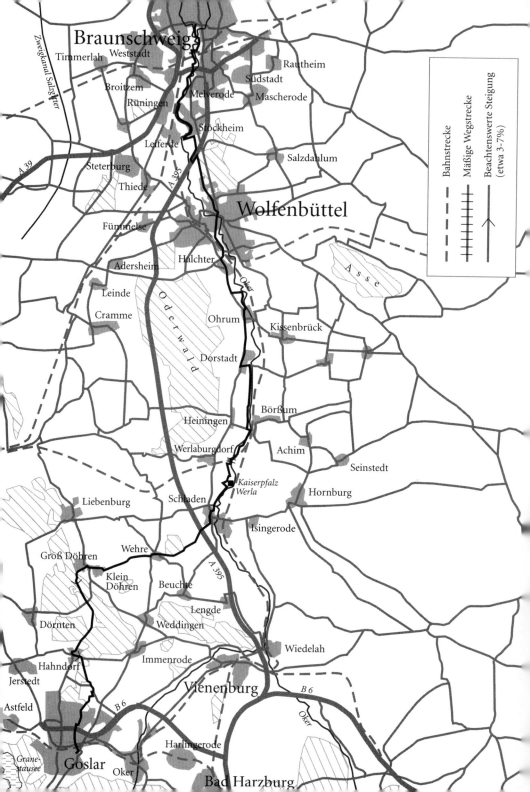

Landschaft Der Großraum Braunschweig-Wolfenbüttel bildet eine urbanisierte Zone, in der sich – ausgehend von den älteren Stadtzentren – die Neusiedlungsgebiete wie Kraken mit ihren Fangarmen weit ins Umland schieben. Hinzu kommen Verkehrseinrichtungen aller Art, die für schnelle Verbindungen sorgend ihrerseits einen enormen Raum einnehmen. Dieser bleibt jedoch nicht auf die Trassen allein beschränkt, sondern bewirkt eine um hunderte von Metern breitere Lärmschneise in der Landschaft. Bei unseren Touren haben wir uns fast immer die verbliebenen Grünzonen gesucht, die von Naturschützern, Fahrradfahrern und manchmal auch von Stadtplanern verteidigt werden.

Berührungspunkte mit den ausgreifenden Neusiedlungsgebieten ergeben sich von Braunschweig aus auf Höhe von Melverode (Trabantenstadt Melverode-Heidberg, siehe Tour 9) sowie in Stöckheim (Abkürzungsvorschlag bei dieser Tour), ferner an den Ortsrändern von Wolfenbüttel. Vom Bauwahn, der sich insbesondere im freistehenden Einfamilien-Haus manifestiert, blieben die bestehenden Waldstücke ausgespart, vornehmlich aus rechtlichen Gründen, und die überschwemmungsgefährdete Fluss-Aue der Oker. Die Hochwassergefahren sind nach Fertigstellung der Okertalsperre im Jahre 1956 zwar nicht vollständig gebannt, jedoch wesentlich gemindert.

Die Oker, die am rund 900 m hohen Bruchberg im Oberharz entspringt, gehörte früher zu den deutschen Flüssen mit den stärksten Abfluss-Schwankungen. Die Daten vor dem Bau der Talsperre zeigen, dass es im Frühjahr oder auch nach sommerlichen Starkregen schnell zu einem Anschwellen des Flusses auf das Zwanzigfache des normalen Abflusses kommen konnte. Wer dem nachspüren will, kann versuchen, die Hochwassermarke an der Okerbrücke in Schladen aufzufinden.

Die Ausprägung des Süd-Nord gerichteten Okertales geht mutmaßlich in die Obere Kreidezeit zurück (Ende: 65 Mio. Jahre vor heute), entsprechende Gesteine sind unter der Sand- und Schotterfüllung des Tales erbohrt worden. Die heutigen Einzelformen des Talzuges entstanden jedoch erst im Eiszeitalter infolge von mehrfacher Aufschotterung und nachfolgender Einschneidung. Mehrere „Flussgenerationen" in Gestalt von höhengestaffelten Terrassenflächen lassen sich erkennen. Das Plateau der Pfalz Werla, etwa 20 Meter über der heutigen Oker, kann beispielsweise als Resultat der vorletzten Eiszeit gedeutet werden.

Die Oker unterhalb des Werla-Plateaus

Der schmale grüne Saum der heutigen Aue mit Wiesen und Weiden, oft auch kleinen Gehölzen, ist eine vergleichsweise junge Erscheinung. Sie gründet auf fruchtbarem Auelehm, dessen feine Lössbestandteile nach Waldrodung von den Hängen abgespült, verfrachtet und bei Stillwasser wieder abgesetzt wurden. Aufgrund der hohen Fließgeschwindigkeiten der Oker fehlt diese Auelehmdecke natürlicherweise oberhalb von Börßum. Zwischen Börßum und Schladen ist der heutige Ackerboden künstlich auf das „Steinfeld" aufgebracht worden: durch die Verrieselung des Waschwassers der dortigen Zuckerfabrik.

Mit zunehmender Annäherung an den Harzrand, für den wir das große Fluss-Tal verlassen, wird das Bild der Landschaft komplizierter. Aus der jetzt welligeren Landoberfläche hebt sich der kleine Höhenrücken des Harly heraus, daneben der südliche Abschnitt des Salzgitter-Höhenzuges. Im Gegensatz zum Harz gehören hier noch alle Gesteinsserien in das Erdmittelalter (Mesozoikum). Wenn auch die Bergbautraditionen meist mit dem Harz in Verbindung gebracht werden, so ist doch darauf hinzuweisen, dass auch am Salzgitter-Höhenzug die Erzgewinnung (Eisenerz) seit langer Zeit betrieben wurde. Überreste von Bergwerken finden sich auf unserer Fahrtroute nördlich von Hahndorf.

Die Altstadt Goslars schmiegt sich an den Harzrand, wobei als Leitlinie der Siedlung das kleine Flüsschen Gose genutzt wurde. Letztlich ist aber für die Stadtentstehung nicht die Lage an einer Verkehrspforte ausschlaggebend gewesen, sondern die Nähe zu den Silbererzen des Rammelsberges. Bereits von den Anhöhen bei Kloster Grauhof öffnet sich der

Blick auf den Harz, der an seinem nördlichen Rand über mehrere hundert Meter steil aus dem Vorland aufsteigt. Tief haben sich die Täler in den schroffen Gebirgsrand eingeschnitten. Das Hochflächenniveau kündigt sich in den Gipfeln der vorderen Bergkette bereits an und verdichtet sich zu einer dunkelgrünen Horizontlinie. Darüber thront das Brockenmassiv, das sich bis zu einer Gipfelhöhe von 1142 Metern erhebt.

Am Harzrand

Bei Wiedelah

Bergbau Der weit nach Norden vorgeschobene Mittelgebirgszug des Harzes, mit einer Längenerstreckung von rund 90 Kilometern, lässt sich als Gebirgsscholle beschreiben, die an ihrem nördlichen Rand steil aus dem Umland herausgehoben ist. Die Höhendifferenz an dieser Randstufe beträgt ungefähr 400 Meter. Die Geologen sprechen allerdings von einer „Sprunghöhe" von rund 2500 Metern. Dies heißt in umgekehrter Betrachtung, dass man im Harzvorland mehr als 2000 Meter tief bohren müsste, um an diejenigen Gesteinsschichten zu gelangen, die heute im Harz obenauf liegen.

Der Harzblock öffnet also ein Fenster in die tiefere geologische Vergangenheit. Es wundert deswegen nicht, dass die Umgebung Goslars zum Eldorado für die geologische Forschung geworden ist: einerseits wegen der älteren „paläozoischen" Harzgesteine, andererseits wegen der direkt angrenzenden jüngeren „mesozoischen" Schichten. Diese jüngeren Gesteine bilden in weiter Verbreitung das Harzvorland, sind dort jedoch nur in Ausschnitten erkennbar.

Sichtbar wird im Harz ein Rest des großen Variskischen Gebirges, das sich in der Zeit von Unter- und Oberkarbon quer durch Europa zog. Noch vor der eigentlichen Gebirgsbildung entwickelte sich ein submariner Vulkanismus, wobei Metalle gelöst, konzentriert und bei Abkühlung wieder ausgeschieden wurden. Die Erzlagerstätte Rammelsberg ist ursprünglich am Meeresboden entstanden.

Bergwerk Rammelsberg

Wie das Silberlager bei Goslar aufgefunden wurde, ist gänzlich unklar. Wenn man nicht der Geschichte vom Ritter Ramm und dessen klugem Pferd, das mit den Hufeisen den Silberglanz verriet, folgen will, bleibt immer noch die Annahme einer sehr genauen Naturbeobachtung, wobei die sogenannte Galmei-Vegetation einen Hinweis geliefert haben könnte. Als Zeitpunkt, zu dem der Bergbau bereits betrieben wurde, wird zumeist das Jahr 968 angegeben. Damit kann die Bergbauunternehmung am Rammelsberg, deren

▶ Weltkulturerbe Rammelsberg, Museum und Besucherbergwerk
Bergtal 19
38640 Goslar
Tel. (0 53 21) 750-0
Täglich: 9–18 Uhr (außer 24.12. und 31.12.), letzte Führung unter Tage: 16.30 Uhr

letzte Schicht am 30.6.1988 gefahren wurde, auf eine über tausendjährige Geschichte zurückblicken. In Anbetracht der kulturhistorischen Bedeutung ist das **Bergwerk** durch die UNESCO zum Weltkulturerbe erklärt worden.

Im Mittelalter war man besonders an den Silberanteilen interessiert, deren Ausbeute den sich ständig wieder auffüllenden Staatsschatz der frühen deutschen Könige bildete. Erst nach und nach erkannte man die wertvollen Beiprodukte, wie Blei, Kupfer und Zink, die mengenmäßig einen wesentlich höheren Anteil im Erz ausmachten. Genau genommen muss man deswegen von Buntmetall-Erz sprechen.

Der Bergbau besaß seine eigenen Konjunkturen, abhängig von den Förderbedingungen. Bringt man die Schwierigkeiten im Berg auf eine Kurzformel, so war es entweder zu viel oder zu wenig Wasser. Das Zuviel entstand in den tiefsten Bereichen und die Anstrengungen, dieses Wasser wieder loszuwerden, erforderte immer neue Kunstgriffe bis hin zu den aufwändigen Wasserlösungsstollen, die seitwärts aus dem Berg hinausführten. Andererseits wurde „fallendes" Wasser frühzeitig als Kraftquelle eingesetzt und musste dafür zunächst einmal über Tage bereitgestellt werden (im Oberharzer Revier entstand eine ganze Teichlandschaft). Im Goslarer Bergwerk hat sich ein Wasserrad des 18. Jahrhunderts erhalten, das uns diese älteren Anlagen vorführt.

Nach historischen Berichten ruhte die Förderung manchmal über Jahre oder sogar Jahrzehnte hinweg, wofür Stolleneinstürze und Wassereinbrüche verantwortlich waren, stets jedoch als Herausforderung verstanden, die anstehenden Probleme durch hartnäckiges Betreiben zu bewältigen. Mitte des 19. Jahrhunderts schien allerdings Schluss zu sein, wegen Erschöpfung der Lagerstätte. Mehr zufällig wurde dann das „Neue Lager" entdeckt, dessen Ausbeutung nun unter industriellen Vorzeichen erfolgte. In nationalsozialistischer Zeit wurde die Erzaufbereitung über Tage vollständig neu konzipiert; diese Baulichkeiten sind erhalten geblieben. Im Jahr 1982 konnten noch 280.000 Tonnen Roherz gefördert werden (470 MitarbeiterInnen). Bei stetig abnehmenden Vorräten war aber das Ende abzusehen. 1988 wurde die Erzgewinnung endgültig eingestellt. Das Wunder, die Auffindung einer weiteren Lagerstätte, wollte sich nicht wiederholen.

Geschichte Pfalzen gehören in die Zeit, in der die deutschen Könige als unentwegt Reisende durch das Land zogen, also bevor sich dauerhaft benutzte Residenzen ausgebildet hatten. Die Notwendigkeit lag darin, dass Herrschaft damals durch persönliche Anwesenheit des Königs immer wieder aktualisiert werden musste. Aber auch rein praktisch gesehen war es gar nicht möglich, das große herrscherliche Gefolge über längere Zeit an einem Ort zu verpflegen.

Saalbau der Pfalz, Ulrichskapelle

Die Pfalz Werla ist ein sehr alter königlicher Stationsort und geht wahrscheinlich auf eine Versammlungsstätte der ostfälischen Volksgruppe zurück. Beginnend mit Heinrich I. lassen sich für das 10. und frühe 11. Jahrhundert 18 Königsbesuche aufzählen, die eine Erwähnung in Chroniken und Urkunden gefunden haben. Mit der Übertragung der Pfalzfunktion nach Goslar, in die Nähe des Silberbergwerkes, war der Bedeutungsverlust der Werla vorgezeichnet. Dieser vollzog sich schrittweise bis zum vollständigen Verlust aller Baulichkeiten; am Ende konnte selbst der Ort nicht mehr aufgefunden werden. Erst die ab 1934 durchgeführten Ausgrabungen auf dem Hochplateau bei Schladen konnten die einst so berühmte Stätte eindeutig identifizieren.

Die archäologische Untersuchung ließ ein Bauprogramm erkennen, das im Pfalzbezirk Goslar offenbar seine Entsprechung findet. Zu den Repräsentationsbauten gehörten Saalbau und Palastkapelle, nebengeordnet die Wohnbauten; dazu noch eine große Kirche. Aber längst nicht alle Fragen ließen sich klären. Andererseits zeigt auch die Pfalz in Goslar keineswegs den einstigen Bestand: So ist vom „Dom", eigentlich eine Stiftskirche, nur die Vorhalle geblieben, und auch der Saalbau, das sogenannte Kaiserhaus, beruht in weiten Teilen auf einer Rekonstruktion des späteren 19. Jahrhunderts. Dennoch: Die Goslarer Pfalz bildete über rund zwei Jahrhunderte die glanzvolle Stätte für große Reichsversammlungen, man sah Könige und Gegenkönige und selbst der Papst fand sich zeitweilig hier ein.

Die Ansiedlungen nördlich der Goslarer Pfalz hatten sich unterdes zu einer reichen und selbstbewussten Stadt entwickelt. Auch wenn seit 1253 kein deutscher König mehr nach Goslar gelangte, konnten in der Folgezeit noch wichtige Rechtsbestände erworben werden. Dazu gehörte die Reichsfreiheit, aber auch der pfandweise erlangte Bergzehnt, der beträchtliche Einnahmen lieferte.

Restbestand des Goslarer Domes: Vorhalle

Das historische Stadtbild Goslars ist in fast vollständiger Geschlossenheit erhalten geblieben. Neben hunderten von Fachwerkhäusern, von denen eine große Zahl in den Jahrzehnten um 1500 entstanden ist, finden sich auch mehrere Hospitäler und Gildehäuser. Als älteste Wohnbauten sind etliche steinerne Kemenaten überliefert. Die Kirchen besitzen fast alle einen auf die Romanik zurückgehenden Urbestand, der in gotischer Zeit nur geringfügig ergänzt wurde.

Aufs Ganze gesehen kann man von einer alten Stadtanlage in ihrem frühneuzeitlichen Zustand sprechen. Der tiefere Grund für diese weitgehende „Konservierung" liegt in einer Auseinandersetzung, die mit dem „Riechenberger Vertrag" von 1552 ihren Abschluss fand. Herzog Heinrich der Jüngere von Braunschweig-Wolfenbüttel

Haus Brusttuch

hatte durch eine Rechtsprüfung feststellen lassen, dass die Bergrechte von der Stadt Goslar nur pfandweise erworben waren und forderte deren Rückgabe. Unter schwerem Kanonenbeschuss mussten die Bürger einlenken.

Der in Goslar befürchtete wirtschaftliche Niedergang trat tatsächlich ein, allerdings nicht so rasch, wie vorausgesagt. Es blieb möglich, ältere Bauten zu erhalten, während die Zahl an Neubauten vergleichsweise gering ausfiel. Der Tiefpunkt war in den Jahren um 1800 erreicht. Zugleich hatte sich das alte deutsche Reich überlebt und mit ihm die lange schon wertlose Reichsfreiheit der Stadt. Nach der napoleonischen Ära fand sich Goslar als Landstadt eingebettet in ein größeres Territorium, das wechselweise zu Preußen und Hannover gehörte. Erst 1941 wurde der Kreis Goslar dem Land Braunschweig zugeschlagen.

Bei der Fülle an guten historischen Zeugnissen fällt es schwer, für eine Stadtbesichtigung einzelne Empfehlungen auszusprechen. Vorschlag: Man lässt sich einfach von den eigenen Schritten leiten; an jeder zweiten Ecke ist Interessantes zu entdecken. Das Straßensystem ist leicht zu verstehen, es besteht in den Grundlinien aus langen Parallelstraßen, die im Osten am Breiten Tor, im Westen an der Frankenberger Kirche zusammenlaufen. In der Mitte findet sich der Marktplatz mit Rathaus und Adlerbrunnen. Die wichtigsten der querenden Straßenzüge berühren den Markt bzw. die Marktkirche St. Cosmas und St. Damian: Der Hohe Weg geht südwärts zur Kaiserpfalz, in der Gegenrichtung ziehen kleinere Gassen zum Rosentor mit dem Bastions-Turm Achtermann. Dabei kommt man dann an der Jakobikirche vorbei. Die rein romanisch erhaltene Klosterkirche Neuwerk wurde knapp außerhalb des älteren Rosentores errichtet.

Ein kleiner Tipp noch zum Abschluss: Wer ein historisches Bürgerhaus von innen besichtigen will, sollte sich das **Mönchehaus-Museum** vornehmen. Hier wird inmitten eines Wohnhauses aus dem Jahre 1528 moderne Kunst gezeigt, die inzwischen – auch durch die Verleihung des Kaiserringes an herausragende Künstler und Künstlerinnen – zu einem neuen Markenzeichen für Goslar geworden ist.

Turmwerk der Marktkirche

▶ Mönchehaus-Museum
für moderne Kunst
Mönchestraße 3
38640 Goslar
Tel. (0 53 21) 2 95 70
Di–Sa: 10–17 Uhr
So: 10–13 Uhr

Hospital zum Großen Heiligen Kreuz

Mönchehaus-Museum

Mit dem Rad nach Salzgitter und zurück

Varianten von 51 km
bis 63 km Gesamtlänge

11

Mit Salzgitter hat Braunschweig eine recht eigentümliche Großstadt zur Nachbarin. Im Kapitel „Geschichte" wird genauer berichtet, wie es zur Entstehung dieser Industrie- und Siedlungszone im Gefolge von Erzabbau und Eisenverhüttung gekommen ist. Unsere Tour zeigt recht deutlich die unterschiedlichen Gesichter des Salzgitter-Gebietes: Bei Steterburg die ältere Geschichte in Gestalt des dortigen Stiftes, umgeben von kleineren Waldstücken; dann die Industrie rund um das Hüttenwerk und den ehemaligen Erzschacht Konrad. Lebenstedt bildet das neue städtische Zentrum und lockt zugleich mit den Freizeitangeboten am Salzgittersee (Badezeug nicht vergessen). Für die Rückfahrt kann man einen Museumsbesuch im Schloss Salder einplanen. Die längste der angegebenen Fahrtvarianten führt durch den Oderwald und über Wolfenbüttel nach Braunschweig zurück.

Die Strecke Wir beginnen die Fahrt am Bürgerpark bzw. am Braunschweiger Messegelände. Die Oker immer an unserer linken Seite fahren wir nach Süden am Kennelbad vorbei Richtung Südsee. Es ist nun egal, ob man den See auf der linken oder auf der rechten Seite umrundet. Am Ende trifft man auf die Verbindungsstraße Stöckheim – Rüningen. Hier ein kurzes Stück nach links, die Oker überquert, und dann den Fluss rechter Hand weiter nach Süden.

Dieses Stück bietet einen landschaftlich sehr schönen Okerabschnitt. Der Fluss, und mit ihm der Weg, schlängeln sich durch Wiesen und Felder – man bekommt eine Ahnung, wie es am Okerlauf früher über weite Strecken ausgesehen haben mag. Da Weg und Fluss zum Radfahren und Spazierengehen geradezu einladen, sind hier – besonders an Wochenenden – viele Menschen unterwegs. Schnelles Fahren ist damit praktisch ausgeschlossen, stattdessen sollte man entspannt die Landschaft genießen.

Der Weg endet an einer Brücke, die rechts über die Oker und dann nach Leiferde hinein führt („Fischerbrücke"). Wir fahren in den Ort, an der Kirche vorbei bis zur nächsten Kreuzung. Rechts geht's nach Rüningen, links nach Wolfenbüttel. Wir fahren aber geradeaus in die als Sackgasse ausgeschilderte „Bahnhofstraße" hinein. Am Ende der Straße bringt uns eine Fußgängerunterführung unter den Eisenbahngleisen hindurch auf die andere Seite. Dort nehmen wir den „Thiedebacher Weg" geradeaus (nicht rechts!) und lassen Leiferde hinter uns. Wir gelangen zur B 248 und sind fast auf der Friedrichshöhe angekommen. Dort am gleichnamigen Restaurant vorbei, dann sofort rechts abbiegen in Richtung Steterburg bzw. Thiede. Neben der Landstraße verläuft ein akzeptabler Rad-Fuß-Weg. Willkommen in Salzgitter!

Bereits jetzt müssen wir einige Besonderheiten der Flächenstadt Salzgitter („SZ") erwähnen. Im Grunde gab es hier nur kleine Waldstücke und fruchtbares Ackerland, bis 1937 der Entschluss fiel, ein gigantisches Hütten- und Stahlwerk zu errichten. Die Stadtgründung folgte dem erst später nach, und damit wurden dann rund 30 Dörfer und eine Kleinstadt, nämlich das ältere Bad Salzgitter, zusammengefasst. Die Frage, inwieweit die einzelnen Ortsteile, die oft noch recht dörflich wirken, ihre Identität behalten können, beschäftigt gelegentlich noch heute die Gemüter. SZ-Steterburg beispielsweise gehört verwaltungsmäßig zu dem größeren Thiede, allerdings schon von alters her. Dennoch: wir erreichen auf unserer Landstraße als nächstes den Ortsrand von Steterburg.

Wem schon jetzt die Puste ausgegangen ist, der kann das **Hallen- und Freibad Thiede** besuchen. Alle anderen fahren geradeaus die Danziger Straße entlang, bis das Straßenschild rechts auf den nächsten Ort, Geitelde, verweist. Genau gegenüber, auf der anderen Straßenseite, führt ein Weg in einen kleinen Park hinein. Diese Stelle merken wir uns.

▶ Hallen- und Freibad Thiede
Danziger Straße 2
38239 Salzgitter
Tel. (0 53 41) 2 61 65
Freibad Mai bis September
Mo–Fr: 10–19 Uhr
Sa, So: 9–19 Uhr

Denn wir sollten von hier aus einen Abstecher zum (evangelischen) Stift Steterburg mit seinen barocken Baulichkeiten nicht versäumen. Also 300 Meter die Straße weiter geradeaus, dann links zwischen den Torhäusern hindurch. Beachtlich die Kirche, dahinter die Konventsgebäude. Westlich des Kirchturmes eine Hinweistafel auf die Ausgrabungen, bei denen der Nachweis für die namengebende Burg erbracht wurde.

Für die weitere Fahrt nehmen wir den Weg durch den kleinen Park und landen auf der „Gerhart-Hauptmann-Straße", die sich durch ein Wohnviertel nach rechts allmählich den Hang hinaufwindet und an dem neu gegründeten (katholischen) Kloster Steterburg endet. Genauso gut aber können wir gleich von der genannten Straße wieder in ein Wäldchen einbiegen, in das Hagen-Holz, und dieses an seiner linken Seite bis zur modernen Klosterkirche durchfahren.

Genau gegenüber dem Kircheneingang beginnt ein gut ausgebauter Forstweg, der das Landschaftsschutzgebiet Beddinger Holz (nördlicher Teil „Langes Holz") erschließt. Wir gelangen nach gut einem Kilometer an einen großen Graben. Die einige Meter tiefe Einkerbung geht auf eine Bahnlinie zurück, die einst von der nördlichen Übergabestation in Richtung Drütte verlief. Die Schienen sind verschwunden, ein Damm ermöglicht uns die Passage. Wir wenden uns dann gleich nach links und haben noch 300 Meter auf dem breiten Waldweg, bevor nach rechts ein Stichweg abzweigt, der uns zur „Eisenhüttenstraße" bringt.

Lebenstedt, Straßenzeile aus den 1940er Jahren

Wir überqueren die Eisenhüttenstraße, deren Entstehung direkt mit der ersten Planungsphase für das Hüttenwerk zusammenhängt, und nehmen die rechts schräg gegenüber einmündende „Industriestraße Nord". Auch diese Straße macht ihrem Namen alle Ehre – ausgelegt ist sie für den Pendler- und Zuliefer-Verkehr des VW-Werkes Salzgitter. An üblichen Radwandertagen, an Wochenenden und Feiertagen, ist dieser Abschnitt, den wir nun entlangradeln, glücklicherweise kaum befahren.

Wir sollten etwa in der Höhe der Werkszufahrt auf die linke Straßenseite wechseln, immerhin verläuft hier ein kleiner Radweg. Auf der rechten Seite hingegen endet der Rad-Fuß-Weg im Standstreifen der Straße, um schließlich völlig zu verschwinden – eine ziemlich gefährliche Angelegenheit.

Zugegeben, wenn wir rechts das langgestreckte riesige Firmengelände von Volkswagen und links die dazugehörigen nicht weniger flächenverschlingenden Parkplätze passieren, erleben wir eine nicht besonders attraktive Teilstrecke dieser Tour. Aber dieser Teil Salzgitters ist nun einmal Industrie-Standort. Auf rund 1000 Meter, die wir am VW-Werk entlangfahren, können wir uns dieser Tatsache bewusst werden. Übrigens: weiter südlich liegen Eisenhütte und Stahlwerk, die rund das Sechsfache an Fläche belegen.

Geradeaus geht die Fahrt über den Salzgitter-Kanal. Ein Stück dahinter wandelt sich die Straße zu einer den Autos vorbehaltenen Tangente. Radfahrer lassen sich von dem gelb leuchtenden Geländer auf die Bleckenstedter Straße hinabführen, fahren nach rechts unter der Tangente hindurch und dann gleich links Richtung Schacht Konrad. Genauer gesagt ist es Schacht Konrad 1, an dem wir jetzt vorbeifahren. (Aus dem Bergwerk wurde bis 1976 Eisenerz gefördert. Eigentlich sollte hier ab 1988 radioaktiver Müll eingelagert werden, was vielfältigste Proteste hervorgerufen hat. Inzwischen ist eine Einlagerung jedoch durch die zuständigen Behörden genehmigt, der Vollzug einstweilen noch ausgesetzt.)

Auf der weiteren Fahrt unterqueren wir die Autobahn A 39. Gleich hinter der Unterführung biegen wir scharf nach links und folgen ein kleines Stückchen der Autobahn. Am nächsten Abzweig nach rechts (geradeaus endet die Straße in einer Sackgasse) und durch die Feldmark dem Ziel Lebenstedt zu. An der für PKW gesperrten Kreisstraße nach links. Wir landen auf der „Ludwig-Erhard-Straße", die nach einem Namenswechsel zu „Albert-Schweitzer" direkt ins Zentrum von SZ-Lebenstedt führt, in den bei weitem größten Ortsteil der Flächenstadt Salzgitter. Gegenüber dem Rathaus – ein sehr auffälliges Hochhaus rechter Hand – beginnt links die Fußgängerzone, die mit dem plastischen Werk „Turm der Arbeit" von Jürgen Weber eine neue Attraktion gewonnen hat.

Wer zum Baden gekommen ist oder aber eine größere Landschaftstour schätzt, biegt vorher von der Albert-Schweitzer-Straße nach rechts in die Neißestraße und an deren Ende wiederum rechts in die Westfalenstraße ein, die uns zum nördlichen Ende des Salzgittersees führt. Dieser erstreckt sich in südliche Richtung bis zum Stadtteil Bruchmachtersen auf einer Fläche von 75 ha (Zum Vergleich: der Südsee in Braunschweig ist 30 ha groß). Wenn man an dieser Stelle den Rückweg antritt und die bisherige Route benutzt, hat man am Ende insgesamt 51 Kilometer zurückgelegt.

Das Radwegenetz ist auf beiden Seiten des Salzgittersees gut ausgebaut. Mehrere Badestrände, ferner Bootsverleih, Minigolf- und Tennisplätze, Eissporthalle und das städtische **Hallen- und Freibad Lebenstedt** warten auf Besucher. Im Sommer finden sich Schwimmer und Ruderer, Segler, Surfer und Taucher ein – für Gäste aus dem gesamten Umland ist hier ein interessanter Treffpunkt entstanden.

▶ Hallen- und Freibad Lebenstedt
Zum Salzgittersee 25-27
38226 Salzgitter
Tel. (0 53 41) 4 22 06
Freibad Mai bis September
Mo–Fr: 10–19 Uhr
Sa, So: 9–19 Uhr

Lädt das Wetter nicht zum Baden ein, empfiehlt sich ein Besuch im Schloss Salder. Hierzu fahren wir zur Südspitze des Sees und dann am Flüsschen Fuhse entlang Richtung Südosten. Immer geradeaus unterqueren wir die A 39 und erreichen bald darauf den Ortsrand von Salder. Das letzte Straßenstück heißt „Gänsebleek"; an dessen Ende nach links hinüber die Zufahrt zum Schlosshof. In den Gebäuden ist das Städtische Museum untergebracht, das die Entwicklung des

Am Salzgittersee

Salzgitter-Gebietes von den geologischen Grundlagen bis zur Industrialisierung beleuchtet (siehe Kapitel „Geschichte").

Für die Rückfahrt nach Braunschweig bieten sich mehrere Varianten an. Am kürzesten ist es über die Verbindungsstraße von Salder nach Hallendorf und weiter durch Bleckenstedt bis zum Schacht Konrad 1, also zurück zu der Stelle, an der wir auf dem Hinweg die Industriestraße Nord verlassen haben.

Eine schöne Strecke führt weiter durch das Fuhsetal und das mittlere Salzgitter-Gebiet in Richtung Wolfenbüttel. Allerdings sind dann insgesamt fast 65 km Gesamtstrecke einzukalkulieren. Wir fahren dazu vom Schloss Salder, d.h. vom Park an der Rückseite („Parkstraße") weiter im Fuhsetal nach Osten. Der Weg zieht sich auf der unteren Fluss-Terrasse hin und erreicht schließlich die Nord-Süd-Straße. Abbiegend nach rechts ist der nächste Kilometer auf dieser Hauptstraße nicht sehr erfreulich, auf dem Straßenabzweig nach Heerte wird es aber wieder ruhiger. Rechter Hand begleitet uns nun der sehr hohe Damm des Klärteiches III, an dessen Endpunkt nahe Heerte eine breite Treppe nach oben führt. Den kleinen

Abstecher zu Fuß sollte man sich erlauben, denn oben bietet sich ein weiter Blick über die zum Naturschutzgebiet avancierte Teichlandschaft. In Heerte dann über die Fuhsebrücke und gleich rechts in den „Bäckerklint". Immer geradewegs gelangt man nach Barum. Dort gerade weiter die Hauptstraße („Werkstraße"), durch den Ort und bis zur Wegweisung nach Immendorf. Oben auf dem Straßendamm aber nicht dorthin, sondern ein kurzes Stück neben der B 248 über die Bahnlinie und dann nach links einbiegend in Richtung Cramme.

Kurz bevor man Cramme erreicht, ist eine Entscheidung fällig: Entweder über Leinde und Adersheim nach Wolfenbüttel (Ortsverbindungsstraßen mit separiertem Radweg, gut ausgeschildert; stets den Hauptstraßen folgend landet man am „Grünen Platz", am nördlichen Rand der Wolfenbütteler Innenstadt).

Oder durch den Oderwald zum südlichen Stadtrand von Wolfenbüttel. Dies geht so: Durch Cramme hindurch auf der „Breiten Straße". Kurz vor Ortsende nicht der Hauptstraße nach rechts folgen, sondern weiter geradeaus („Am Stadtweg"), am Sportplatz vorbei und immer weiter durch die Feldmark in Richtung Oderwald. Geradewegs in den Wald hinein und unter der A 395 hindurch. 200 Meter hinter dem Wegetunnel zweigt ein Waldweg nach links ab, der von nun an die Fahrtrichtung angibt. Er besitzt einen festen Fahrdamm, was wir konsequent als Zeichen nehmen. Mit dieser Information kommen wir über die nächsten Waldkreuzungen hinweg, nur später benötigen wir einen weiteren Hinweis, und zwar dort, wo plötzlich mehrere befestigte Wege vorhanden sind. Hier heißt die Fahranweisung: im Zweifel immer geradeaus.

Wir gelangen schließlich, nach fast 3 Kilometern Fahrt durch schöne Waldpartien, zum Rand des Oderwaldes nahe der Posteiche. Von dort ist schnell die Landstraße Adersheim – Halchter erreicht. Nun braucht man nicht unbedingt der Autostraße nach Halchter zu folgen, sondern erreicht Wolfenbüttel viel besser, indem man die Straße quert und den gut ausgebauten Feldweg nimmt, der zunächst direkt nach Norden, dann nach einem Knick in nordöstlicher Richtung auf die Stadt zuführt. Man landet dann am Bahnhof, also am südlichen Rand der Innenstadt. Der Rückweg nach Braunschweig beginnt am „Grünen Platz", dem Straßenknoten am Nordrand von Wolfenbüttels Altstadt. Dorthin gelangt man quer durch die Fußgängerzone, wobei man sich in etwa an die Richtungsvorgabe der Bahnhofstraße hält.

Die Beschreibung der Rückfahrt nach Braunschweig ist bei der Tour 9 „Wolfenbüttel" angegeben.

Lebenstedt, „Turm der Arbeit"

Lebenstedt, Fußgängerzone

Die Landschaft Die Stadt Salzgitter, die in ihrem Gebietsumfang fast schon einem kleinen Landkreis entspricht, hat Anteil an sehr unterschiedlichen Naturräumen und bietet dementsprechend eine große landschaftliche Vielfalt. Der Norden zwischen Lebenstedt und Thiede gehört zur Braunschweig-Hildesheimer Börde, deren lössbedeckte Ackerböden ihre Fortsetzung finden in der Barumer Mulde zwischen Oderwald und dem südwärts gerichteten Flügel des Salzgitter-Höhenzuges. Der Höhenzug selbst, mit seinem abrupten Richtungswechsel bei Gebhardshagen, bildet die Grenze zum Innerste-Bergland. Im jenseitigen Teil Salzgitters, der zur Ringelheimer Mulde gehört, zeichnet sich bereits die Kammerung in Becken und umrahmende Höhenrücken deutlich ab.

Die vorgeschlagene Route durchquert den nördlichen Teil des Salzgitter-Gebietes und berührt in den beiden längeren Rückfahrtempfehlungen die Barumer Mulde. Die nördliche Zone ist in weiten Teilen stark industriell überprägt. Neben den geschlossenen Bezirken der Unternehmen, zu denen das Hütten- und Stahlwerk, Motoren- und Fahrzeugwerke von VW und MAN und ein großer Hersteller von Schienenfahrzeugen gehört, nehmen die Verkehrsanlagen einen großen Raum ein: Stichkanal und mehrere Bahnlinien, Eisenhüttenstraße und Werkszubringer und sogar ein Flugfeld neben der Hütten-Hauptverwaltung. Hinzu kommen die Erzaufbereitung, Dämme, Halden und Bergwerke, deren Hauptzahl sich aber entlang des südlichen Höhenzuges aufreihte.

Unter dieser Folie, die vom 20. Jahrhundert über das Land gespannt wurde und zu der auch die großzügige Wohnstadt Lebenstedt gehört, lugt überall die Vorprägung durch eine alte und wohlhabende Agrarlandschaft hindurch. Wenn auch einige der Dörfer ein schwieriges Schicksal hinter sich haben, so sind in vielen Fällen doch noch die gepflegten älteren Dorfkerne auszumachen und vermitteln plötzlich ein ganz anderes Bild von der Großstadt Salzgitter. Den älteren historischen Mittelpunkt bildete ehemals der Ort Salder mit seinem Schloss, zugleich Sitz der herzoglichen Amtsverwaltung.

In welcher Weise auch industrielle Hinterlassenschaften der Natur neue Räume eröffnen können, zeigt beispielhaft der Klärteich III bei Heerte. Diese Wasserlandschaft ist inzwischen zum beliebten Ziel von Ornithologen geworden, die dort von Aussichtsplattformen eine überaus reiche Vogelwelt beobachten können. Unsere Tour führt auch dorthin und nutzt dafür vom Lebenstedter Freizeitsee aus das obere Fuhsetal, das sich als grünes Band durch die Landschaft zieht.

Salzgitter, Stadt der Kontraste

Geschichte Die Entstehung der heutigen Stadt Salzgitter, deren Anfang im Jahre 1937 zu suchen ist und die bereits in den Kriegsjahren mehr als 100.000 Bewohner zählte, ist untrennbar mit dem hiesigen Eisenerz verbunden. Das heißt aber nicht, dass diese Entwicklung zwangsläufig so erfolgen musste; sie erwuchs vielmehr aus der nationalsozialistischen Reichspolitik, durch die das Prestigedenken der regionalen Machthaber hindurchschimmert.

In Salzgitter ist man begreiflicherweise stolz auf den Fund eines sogenannten Rennfeuerofens aus dem 2./3. Jahrhundert n. Chr., der eine Eisenverhüttung schon vor über 1500 Jahren belegt. Aus dem Mittelalter stammen urkundliche Hinweise, wobei damals noch Holzkohle als Feuerung verwendet wurde. Erste moderne Eisenhütten nahmen dann aber ziemlich bald den Weg in die Pleite. Der eigentliche Grund lag in der Beschaffenheit der Erze am südlichen Salzgitter Höhenzug, deren Zusammensetzung als „sauer" bezeichnet wird; bei der Schmelze mittels Steinkohlekoks führt das zur unaufhebbaren Versprödung des Eisens. Erst in den 1930er Jahren konnten großtechnische Verfahren entwickelt werden, die dieses Problem beseitigen. Bis dahin war eine industrielle Verwendung der Unterkreide-Erze nur in Beimischung zu einer kalkigen Erzfazies möglich, wie sie beispielsweise in Lengede angetroffen wurde (siehe Tour 12).

Auf Seiten der Nationalsozialisten, die seit ihrer Machtübernahme 1933 die Wiederaufrüstung betrieben, stellte sich die Situation so dar: gewaltige Erzvorräte im Salzgitter-Gebiet, andererseits die Industriellen an Ruhr und Saar, die wenig Neigung zeigten, sich hier zu engagieren. Der Vierjahresplan von 1936 sollte Deutschland kriegsfähig machen, wozu Unmengen von Stahl gebraucht wurden. Hermann Göring, der mit der Durchführung des Planes beauftragt war, nahm nach einer letzten Drohung an die Privatwirtschaft die Sache selbst in die Hand. Die Gründung der „Reichswerke" wurde gleich mit der Enteignung der Grubenfelder verbunden. Wo aber die geplanten Verarbeitungsanlagen aufzuführen waren, blieb noch offen. Der damalige NS-Ministerpräsident des Landes Braunschweig, Dietrich Klagges, bemühte sich, den Standort so weit als möglich in Richtung Braunschweig zu verschieben. Der alternative Vorschlag, das

Hüttenwerk weiter nördlich bei Hämelerwald auf hannoverschem Terrain, aber dort auf mageren Sandböden zu errichten, wurde unterdrückt. Die Folgen, die sich daraus ergaben, nämlich ein Proteststurm der Bauernverbände gegen die Nutzung des wertvollen Ackerlandes in der Börde, konnten nur mühsam unter der Decke gehalten werden. Göring war verärgert über dieses braunschweigische Manöver, und man kann spätere Entscheidungen über die Stadtplanung Salzgitters nur so verstehen, dass damit die Ansprüche von Klagges zurückgedrängt werden sollten.

Bei Watenstedt, Peripherie der Eisenhütte

Einstweilen aber wurde die Eisenhütte aus dem fruchtbaren Ackerboden bei Watenstedt gestampft, geplant in einer Dimension, die es bis dahin überhaupt noch nicht gegeben hatte. Generaldirektor Paul Pleiger hatte den Deutsch-Amerikaner Brassert verpflichtet, der sein Ingenieursteam aus England und den USA mitbrachte. Fast pünktlich zu Kriegsbeginn floss das erste Roheisen, wenngleich auch nur ein Teil der Anlage fertiggestellt war. Salzgitter blieb die größte Baustelle Europas, deren Bedarf an Arbeitskräften für Ausbau und Produktion zunehmend durch Zwangsarbeiter gedeckt wurde. Insgesamt haben rund 4000 Ausländer den menschenunwürdigen Arbeitseinsatz nicht überlebt – ein schlimmes, düsteres Kapitel.

Währenddessen wurde immer klarer, dass eine verwaltungsmäßige Zusammenfassung nötig war. 1942 wurde die Stadt Watenstedt-Salzgitter formell gegründet, wofür 28 Gemeinden aus zwei Landkreisen in zwei deutschen Ländern zusammenzufassen waren. Die Planung eines Stadtgebildes mit Wohnvierteln und Verwaltungsbauten kam bezeichnenderweise erst in Gang, als die Pläne für Wolfsburg, damals „Stadt des KdF-Wagens", bekannt wurden. In den Entwürfen wurde schließlich eine neue Großstadt im Fuhsetal bei Lebenstedt projektiert, deren künftige Einwohnerzahl man mit 165.000 veranschlagte. Dies stellte nun keineswegs den erhofften Bedeutungszuwachs für Braunschweig her, sondern erschien als eigenständige Konkurrenz, möglicherweise sogar als künftige

Gauhauptstadt. Allerdings bedeutete die Entscheidung für den Standort Lebenstedt nicht, dass neue Wohnviertel nur dort emporwuchsen – was durch die weite räumliche Streuung zu einer gewaltigen Herausforderung für die Stadtplanung der Nachkriegszeit werden sollte. Vielmehr sind neue Wohnungen für Facharbeiter, aber auch einzelne Viertel für leitende Angestellte, an vielen Stellen des Salzgitter-Gebietes „nach Bedarf" entstanden: bei Steterburg für die Eisenhütte; bei Gebhardshagen und der älteren Kleinstadt Bad Salzgitter vor allem für die Bergwerke. Von der Planung für Neu-Lebenstedt wurden nur Rudimente fertiggestellt.

Dazwischen erstreckten sich Barackensiedlungen in einer kaum zu überschauenden Zahl. Alle denkbaren Ausführungen waren vertreten: von der Notunterkunft für angeworbene Arbeiter bis zum streng abgeschirmten Konzentrationslager. Die Anzahl von „Displaced Persons" (DPs), also irgendwie aus ihrer eigentlichen Heimat verschlagenen, zwangsrekrutierten oder deportierten Personen, wird wahrscheinlich bei etwa 40.000 gelegen haben.

Die Situation bei Kriegsende war trostlos und sie blieb – anders als in Wolfsburg – lange Zeit ohne Perspektive, da die Alliierten entschlossen waren, die Anlagen zur Stahlerzeugung soweit als möglich abzutransportieren und den Rest in die Luft zu sprengen. Erst massive Proteste von Arbeitslosen, gegen die Panzerwagen aufgefahren wurden, bewirkten im Jahresverlauf 1950 das Ende der Demontage. Recht eigentlich besehen ist dieser Akt des zivilen Ungehorsams die Geburtsstunde des neuen Salzgitter, das im Folgejahr auch offiziell diesen Namen erhielt.

Die weitere Entwicklung, gestützt durch Bundesmittel zur Schaffung einer ersten städtischen Infrastruktur, vollzog sich auf dem Hintergrund eines aufblühenden Bergbaus. Der Spitzenwert der Kriegsförderung von 4,6 Mio. Jahrestonnen (1943) wurde bereits 1952 fast erreicht und stieg in den Folgejahren stetig weiter an. Mehr als 5000 Menschen waren 1957 im Bergbau Salzgitters beschäftigt, ohne die Hütten- und Stahlbetriebe zu rechnen. In den 1960er Jahren wurde dann die Erzförderung zurückgefahren, die Bergwerke nach und nach geschlossen – nicht wegen Erschöpfung der Lagerstätten, sondern aufgrund billigerem Import-Erz, das bis heute im Hüttenwerk Verwendung findet. Vor allem die jüngste und nördlichste der Schachtanlagen, Konrad, die ein neues Lager von Oberjura-Erzen aufschloss, birgt bis heute riesige Vorräte. Nach dem Ende der dortigen Förderung 1976 ist jedoch in diesem Bergwerk eine Endlagerung von Atommüll ins Auge gefasst worden, die heute in greifbare Nähe gerückt ist. Dabei ist nicht nur ein beträchtlicher Image-Schaden für Salzgitter zu befürchten.

Die ungewöhnliche Geschichte Salzgitters, in engster Weise verflochten mit der geologischen Situation, wird im **Städtischen Museum Salder** vorgestellt. Im Hauptgebäude untergebracht sind die sehenswerten Abteilungen Geologie und Vorgeschichte, letztere mit der Präsentation zu einer Jagdstation der Neandertaler. In den Nebengebäuden werden Zeugnisse ländlichen Handwerks und die besonders wichtige Darstellung zur Stadtentwicklung im 20. Jahrhundert gezeigt.

▶ Städtisches Museum Schloss Salder
Museumsstraße 34
38229 Salzgitter
Tel. (0 53 41) 8 39 46 31
Di–Sa: 10–17 Uhr
So: 11–17 Uhr

Schloss Salder, Hofbereich

Hauptgebäude

Moderne Kunst im Park

Der Westen.
Zwischen Zuckerrüben und Eisenerz

Rundtour ca. 58 km,
bis Hoheneggelsen Bhf. 33 km

12

Die Börde westlich von Braunschweig wird meist als ziemlich ereignislose Landschaft angesehen, und insofern vermittelt diese Tour doch eine ganze Reihe von Überraschungen. Denn neben stattlichen Dörfern und ausgedehnten Ackerflächen finden sich die Zeugnisse des einstigen Bergbaus um Lengede. Die Ruinen der Burg Steinbrück beleuchten die territorialen Geschicke dieses Landstriches. Und wer den Abstecher nach Söhlde unternimmt, erhält einen Einblick in den tieferen Untergrund. Hinsichtlich von Steigungen ist die Tour ohne Probleme, mal ausgenommen den Fußweg zur Aussichtsplattform auf dem Seilbahnberg. Andererseits bieten die vorgeschlagenen Feld- und Waldwege doch eine gewisse Schwierigkeit durch Unebenheiten oder ungünstigen Belag. Man wird deswegen mit einer relativ geringen Durchschnittsgeschwindigkeit rechnen müssen.

Die Strecke Startpunkt dieser Tour ist die Hohetorbrücke, die den westlichen Okerumflutgraben überspannt. Hier beginnt der Madamenweg, der uns über knapp 4 Kilometer bis in die Nähe des Raffturmes bzw. des Raffteichbades führt. Die dichte Bebauung des westlichen Ringgebietes lockert sich jenseits des Altstadtringes zunehmend auf, die erste Pferdeweide ist bereits vor der Brücke der A 391 erreicht. Danach geht es durch den Westpark, der Kleingärten, Wiesen und Feuchtbiotope, Gehölze und Felder zu einer gestalteten Landschaft vereint, wobei einzelne Kunstwerke hier und da Akzente setzen. Hinter der Straße „Im Ganderhals" können wir einen befestigten Weg benutzen, der neben der Alleepflanzung verläuft (grundsätzlich ist es auch möglich, eine der parallelen Wegelinien nach Westen zu nehmen; der Zielpunkt **Raffteichbad** kann dabei kaum verfehlt werden).

▶ Freibad Raffteich
Madamenweg 93
(nahe B 1 Richtung Hildesheim)
38118 Braunschweig
Tel. (05 31) 28 61 30
und (05 31) 48 15 - 0
(Schlechtwettertelefon)
Mo–Fr: 6–20 Uhr
Sa, So: 7–20 Uhr
(in der Sommersaison ab Anfang Mai)

Auf Höhe des Schwimmbades erreichen wir die Nordspitze des Timmerlaher Busches, biegen links ein und wählen den Hauptweg mitten durch das kleine Waldgebiet. Nach gut einem Kilometer sind wir am südlichen Waldrand angelangt. Nun folgen wir dem Waldrand nach rechts (Westen), zunächst vor dem Wald, dann innerwärts auf einem Pfad und wechseln dann, in gerader Linie weiterfahrend, auf die nahe Landstraße hinüber. Erst hinter der querenden Straße zwischen Groß und Klein Gleidingen gelangen wir geradeaus wieder auf einen Feldweg abseits des Autoverkehrs.

Ziel ist nun das Dörfchen Wierthe, dessen Merkzeichen die stämmigen Rundtürme der Zuckerfabrik sind. Hinter der Brücke über den Salzgitter-Stichkanal gleich links, an einem ehemaligen Kiessee entlang, an dessen Südspitze umbiegen und auf den Rand des Sonnenberger Holzes zu; dort links und dem Waldrand nach Süden folgen. Auf Höhe der ersten Pferdekoppel geht nach rechts ein Weg in den Wald hinein, der nach einer kleinen Verschwenkung in gerader Linie nach Westen zielt. Nach 700 Metern treffen wir auf einen Querweg, hier links und in die Niederung des Aue-Baches hinein, Bachbrücke, Anrufschranke. Geradewegs nach Wierthe weiter, an der Landstraße rechts.

Wir überqueren die Niederung des „Dummen Bruches" und sehen nach vorne links bereits das nächste Etappenziel, den Lengeder Seilbahnberg,

Zuckerfabrik Wierthe

der wie ein Vulkankegel die umgebende Landschaft überragt. An der querenden Landstraße (Köchingen bzw. Vechelde, Vallstedt) nehmen wir den Weg geradeaus in die Feldmark und erreichen in fast gerader Linie, unterbrochen nur von einem kurzen Rechts-links-Schwenk, das Dorf Bodenstedt, genauer: den Sportplatz. An der Landstraße sollten wir einen kurzen Abstecher zum Kulturdenkmal „Flachsrotte" nicht auslassen (nach rechts; Erläuterungstafel). Unsere Tour führt jedoch nach links weiter. Im Dorf dann die Hauptstraße, Brandstraße, Heckenweg, und damit haben wir die Richtung nach Lengede. Hinter der ersten Kurve der Landstraße links in einen Feldweg, auf dem wir direkt zum Seilbahnberg gelangen.

Lengede, Gedenkstätte

Wir sind jetzt am Rande des Lengeder Bergbaugebietes angekommen, das sich von hier nach Süden über ein Teichgebiet bis zur ehemaligen Schachtanlage fortsetzt (siehe „Geschichte"). Ein Aufstieg auf die inzwischen bewaldete Halde ist sicher lohnend, wird aber seine Zeit beanspruchen: rund 70 Höhenmeter sind bis zur Aussichtsplattform zu bewältigen. Aber auch für die weitere Fahrt ist zunächst ein Aufstieg erforderlich, auf den hohen Damm gegenüber, hinter dem sich das Teichgebiet verbirgt (Treppenanlage). Die Belohnung besteht in weiten Ausblicken über Wasserflächen, die inzwischen als Naturschutzgebiet ausgewiesen sind. Wir lassen den ersten Teich links liegen, halten uns weiter geradeaus und sehen gleich über die nächste große Wasserfläche zu unserer Rechten. Dahinter führt ein steiler Weg nach rechts hinunter; dann an der Außenseite des Dammes nach rechts weiter und auf einem Teerweg, der nach links einschwenkt, bis zur Gedenkstätte für die zu Tode gekommenen Bergleute. Man hat diese

Lengede, am Seilbahnberg

Der Seilbahnberg bei Lengede

Stelle gewählt, weil sich hier auch die wunderbare Rettung des Jahres 1963 ereignete (Markierung der Bohrlöcher).

Wir nehmen jetzt den „Grubenweg" quer durch das alte Bergwerksgelände. Vor dem Bahnhof nach rechts in den „Erzring", links den „Schachtweg", an der nächsten Straße über die Bahn und rechts in die „Broistedter Straße", die uns durch das Zentrum von Lengede führt, wo wir nach links, Richtung Woltwiesche, abbiegen. Am Ortsausgang überqueren wir die Fuhse, die über lange Zeit als der dreckigste Fluss Niedersachsens galt. Glücklicherweise kann das heute nicht mehr behauptet werden. Das Fuhse-Flüsschen, das abwärts bald in westliche Richtung umschwenkt, gibt die Leitlinie für unsere nächste Fahrtetappe ab, die zur Burg Steinbrück führt. Wir werden uns auf Feldwegen immer am Rande der Fluss-Aue entlangtasten. Zunächst noch ein weiterer Klärteich-Damm, an dessen Ende wir gegenüber rechts einbiegen.

Auf einem großen Bogen umfahren wir Woltwiesche und gelangen nördlich des Ortes an eine Landstraße, die wir geradewegs überqueren. An einem kleinen Gehölz fahren wir links vorbei und biegen vor dem Friedhof nach rechts ein. Gut 1,5 Kilometer geradeaus. Dann geht es mit den Abzweigungen so weiter: stets die erste rechts und die nächste links nehmen. Dabei hilft, dass man in der Ferne die weiß leuchtenden Mauern der alten Kirche von Steinbrück sieht.

In Steinbrück auf der Burgstraße durch den Ort hindurch, bis zur B 1, rechts und in den Jürgen-Wullenweber-Weg einbiegen. Wir gelangen jetzt auf das Burggelände, dessen vorderer Bastionsturm nach dem 2. Weltkrieg zu einer Kirche umgewidmet wurde. Fußwege führen zu den übrigen Bauresten, von denen der ehemalige Palas eine erstaunliche Größe besitzt (siehe „Geschichte").

An der Fuhse

Für den weiteren Verlauf der Tour ist nun eine Perspektive zu entwickeln. Eine Rückfahrt per Bahn ist leicht möglich, und zwar vom Bahnhof Hoheneggelsen aus. Dazu von Steinbrück südlich, Landstraße Richtung Groß Himstedt und das letzte Stück an der Bahnlinie entlang, insgesamt etwas über 3 Kilometer. Wer noch viel Kraft hat, kann bei der DB-Variante einen zusätzlichen Abstecher nach Söhlde einplanen, wo oberhalb des Ortes die Kreidegruben einen tiefen Einblick in die Erdgeschichte ermöglichen. In westlicher Fortfolge des Söhlder Kreiderückens liegt das Bereler Ries, ein größeres Waldgebiet, von wo man wieder nach Groß Himstedt und zur Bahnstation hinuntergelangt.

Für eine Rückfahrt per Fahrrad bietet sich theoretisch die Bundesstraße 1 an, die seit mindestens 800 Jahren als kurze Verbindung zwischen Hildesheim und Braunschweig genutzt wird. Das ist aber kein sehr großes Vergnügen, zumal im ersten langen Abschnitt vor Bettmar der Radweg fehlt. Wir werden uns also – so weit es geht – auf Feldwegen, gelegentlich an Waldstücken entlang, südlich der B 1 bewegen.

Auf geht's. Nach Osten die Fuhse überquert, hinter der Bahn nach rechts in den Westermühlenweg und durch die Feldmark nach Groß Lafferde. In den Ort hinauf und in die sehr lange Marktstraße einfädeln, am Wasserturm vorbei bis zur querenden Dorfstraße, knapp 100 Meter nach links und dann rechts in den Mühlenweg. Dieser bringt uns zum Klein Lafferder Holz, das wir nördlich immer am Waldrand entlang umfahren. An der Landstraße 200 Meter nach rechts und dann wieder links in einen Feldweg, der uns auf festem Damm bald nach Norden und dann in Wendungen nach Südosten umleitet, wo wir an dem querenden Sträßchen, das von Klein Lafferde kommt, links einbiegen. Bei abnehmender Wegequalität gelangen wir geradewegs zum Waldstück „Uhlen". Das nächste Ziel heißt Bettmar und liegt genau auf der anderen Seite dieses Waldes; der Ort besitzt ein **Naturfreibad**. Wer die Erfrischung will, sollte den Weg nach links nehmen und sich immer am Waldrand halten (man

▶ Naturfreibad Bettmar
Münstedter Straße
38159 Vechelde-Bettmar
Tel. (0 53 02) 45 30
Mo–Fr: 12–20 Uhr
Sa, So: 10–20
(Ende Mai bis Anfang September;
Änderungen vorbehalten)

landet dann am westlichen Ortsrand von Bettmar nahe dem Schwimmbad; der längere Teil der Strecke ist ein Teerweg). Der schönere Weg führt nach rechts und nutzt einen Pfad, der sich die gesamte Strecke innerwärts des Waldrandes hält. Von Liedingen sehen wir dabei nur die ersten Häuser, nach knapp 2 Kilometern sind wir in Bettmar angekommen. Den Ort durchfahren wir auf der B 1 und können bis Vechelde den Radweg an der Fernstraße benutzen. Durch Vechelde geradewegs hindurch, über den Aue-Bach hinweg, dahinter die Stätte des einstigen Schlosses, von dem nur einige Erinnerungsstücke geblieben sind. Als nächste Wegmarke passieren wir am Ortsende den Abzweig nach Vechelade, 300 Meter weiter haben wir auf der B 1 den Rand des Denstorfer Holzes erreicht, wo ein befestigter Weg nach rechts einbiegt. Auf diesem gelangen wir durch das Feuchtgebiet. Nach gut einem Kilometer sind wir an einer „versetzten" Kreuzung angekommen, wo wir uns nach links wenden. Damit steuern wir geradewegs auf die kleine Brücke zu, die südlich von Denstorf den Salzgitter-Stichkanal überspannt; sie ist uns vom Hinweg bereits bekannt.

Neben dem schon bekannten Weg bieten sich von hier mehrere Alternativen zur Rückfahrt nach Braunschweig. Nördlich wären es die Ortsdurchfahrten Denstorf und Klein Gleidingen, dann Radweg B 1 bis zum Raffturm und rechts wieder in den Madamenweg. Für den Timmerlaher Busch kann man diesmal den südlichen Randweg bis zu seinem Ende nehmen, dann sich links haltend im Wald am Rande der Weststadt-Bebauung entlang und schließlich nach rechts durch den südlichen Teil des Westparkes Richtung Innenstadt. Schief gehen kann auf dem letzten Stück eigentlich nichts; im Zweifelsfall wendet man sich nach links hinüber zum Madamenweg.

NSG Lengeder Teiche

Landschaft Westlich von Braunschweig grenzt das norddeutsche Tiefland direkt an das niedersächsische Bergland. Ein zwischengeschaltetes Hügelland, wie wir es östlich der Oker um Asse und Elm vorfinden, fehlt. Die klare Scheidelinie bildet der nördliche Flügel des Salzgitter-Höhenzuges. Dementsprechend bietet sich von dort oben eine prächtige Aussicht über die als sehr fruchtbar geltende Lössbörde zwischen Hildesheim und Braunschweig.

Damit wäre ein zweites wesentliches Merkmal zur Beschreibung dieses Landstriches genannt, die Bodenbedeckung durch den späteiszeitlich angewehten Feinstsand, den Löss. Aus diesem entwickelten sich Schwarzerden, die in der Landwirtschaft als die besten Böden überhaupt gelten. Die nördliche Lössgrenze lässt sich als relativ klar ausgeprägte Grenzlinie quer durch Mitteleuropa verfolgen, sie verläuft hier zwischen dem Mittellandkanal und der Bundesstraße 1. Warum weiter nördlich kein Löss mehr anzutreffen ist, bleibt umstritten. Meistens wird die Staubablagerung an einer kärglichen Vegetation mit zonaler Begrenzung verantwortlich gemacht, daneben kommt aber auch die Änderung von Windgeschwindigkeiten in Betracht. Nach Süden zu ist eine klare Grenze schwerlich anzugeben, da die Lössbedeckung in Buchten auch in das Bergland eingreift; bei steileren Hängen jedoch fehlt dieses Bodenmaterial infolge von Abspülung. Mächtigere Zusammenschwemmungen von Löss sind auch im Vorland zu beobachten.

Der Begriff Börde wird von „bören" hergeleitet, mit „tragen, ertragreich" zu übersetzen. Das heutige Landschaftsbild wird durch ausgedehnte Ackerfluren geprägt, zwischen denen kleine Stücke von Bauernwald erhalten sind (auf unserer Tour der Timmerlaher Busch oder das Klein Lafferder Holz). Diese stellen einen Überrest der älteren Landwirtschaft dar, die bei einem höheren Anteil von Selbstversorgung auf Wälder und Weideflächen nicht verzichten konnte.

Wiesen und Weiden lassen sich bei unserer Tour nur ausnahmsweise beobachten; weiter westlich, nach Hildesheim zu, hat man auch den Wald restlos in Ackerflächen umgewandelt. Dort liegen übrigens auch die Musterstücke für die westdeutsche Bodenbewertung mit der Höchstzahl Einhundert.

Wer die Börde zwischen Braunschweig und Hildesheim mit dem Fahrrad durchfährt merkt, dass die Landschaft nicht so flach ist, wie gemeinhin angenommen. Im Fahrtverlauf treffen wir zunächst auf das etwa Süd-Nord gerichtete Auetal, in dem – aufgrund der schwierigen Abflussverhältnisse – auch heute noch Bestände von Feuchtvegetation anzutreffen sind. Ähnlich verhält es sich bei der Niederung des Dummen Bruches westlich von Wierthe. Das sehr viel deutlicher ausgeprägte Fuhsetal diente während des Eiszeitalters dem Harzfluss Innerste zeitweilig als Abflussbahn.

Die genannten Talungen sind durch den Verlauf von Salzstöcken vorgeprägt worden. An deren Rand sind durch Aufpressung älterer Gesteinsschichten bis knapp unter die Erdoberfläche gelangt. Darin liegt letztlich die Voraussetzung für den Eisenerzbergbau. Den Hinterlassenschaften dieser Unternehmungen begegnen wir auf unserer Tour vor allem um Lengede, wo sogenanntes Trümmer-Erz der Oberen Kreidezeit ansteht. Zu den Zeugnissen gehören Aufschüttungen und Halden, wobei der rund 70 m hohe Lengeder Seilbahnberg eine weit sichtbare Landmarke darstellt. Ferner trifft man auf verlassene Tagebaue und stillgelegte Anlagen des Tiefbaus (zum Bergwerk Lengede: siehe „Geschichte"). Hinzu kommen Bahnlinien, für den Erztransport angelegt, sowie eine Überformung der nahegelegenen Dörfer, in denen wir gelegentlich Bergmannssiedlungen ausmachen können. Wenn sich damit für den Naturhaushalt gravierende Auswirkungen ergeben haben, so ist doch auch ein positives Faktum zu nennen. Die Lengeder Teiche, alte Tagebaue und Absetzbecken, bieten der Vogelwelt ein Refugium und Zugvögeln einen „Trittstein" auf ihren Zugrouten; die Wasserlandschaft steht jetzt unter Naturschutz.

Kreidegrube bei Söhlde

Erwähnen wir noch, dass neben dem Eisenerz weitere Bodenschätze vorhanden sind. Kalisalz wurde einst durch ein Bergwerk bei Groß Ilsede erschlossen. An den Flanken der verschiedenen Salzstöcke befinden sich Erdöllagerstätten. Bei Söhlde wird in größerem Maßstab bis heute Kreidekalk gewonnen. Die dortigen Gruben erlauben beeindruckende Blicke auf eine nur flach geneigte Schichtenfolge.

Bördelandschaft

Das Siedlungsbild der Börde wird dominiert von großen wohlhabenden Dörfern, in denen noch in beträchtlicher Zahl der mitteldeutsche Typus des Bauernhauses vertreten ist. Es fällt aber auf, dass ein älterer Marktort zwischen Braunschweig und Hildesheim fehlt. Im Ordnungsraster deutscher Landschaften hat man jeweils in einer Entfernung von 20–25 Kilometern mit einem etwas größeren Ort, einem Flecken oder einer Stadt zu rechnen. Diese Distanz entspricht der Tagesentfernung für Pferdefuhrwerke und erlaubte den Umlandbewohnern, an einem Tag den Fußweg zum Markt und wieder zurück zu nehmen. Eine gewisse zentralörtliche Funktion wird wahrscheinlich früh schon dem Ort Steinbrück zugekommen sein. Der Jahrmarkt im knapp östlich gelegenen Groß Lafferde erhielt erst Ende des 18. Jahrhunderts sein Privileg – er ist bis heute weithin bekannt.

Das Landschaftsbild nördlich der Lössgrenze zeigt zunächst einmal nicht so große Abweichungen, wie man sie erwarten könnte. Die Anteile an Wiesenflächen nehmen jedoch sichtbar zu. Die einzelnen Waldstücke besitzen dort einen größeren Umfang, beginnend mit dem Ölper Holz und seinen westlichen Fortsetzungen in und am Rande der Lammer Niederung, dem Forst Sophiental und schließlich den Waldungen am Pisserbach südöstlich von Peine. Dort haben sich auch Zeugnisse vorgeschichtlicher Kulturen in Form von Grabhügeln erhalten, die in der Börde wegen intensiver Beackerung nicht mehr aufzufinden sind.

Die Bodenbeschaffenheit in diesem nördlichen Grenzsaum kann auf kurze Entfernungen stark schwanken. Weit verbreitet sind Sande, die bei anlehmiger Beschaffenheit einen passablen Ackerboden abgeben. Bei Bortfeld findet sich sogenannter Sandlöss in größerer Verbreitung, der sehr früh zu einer Spezialisierung auf den Anbau von Feldgemüse geführt hat.

Was sich jedoch ändert, wenn auch mit mannigfachen Übergangsformen, ist die Gestalt der älteren Bauernhäuser, die nicht – wie früher behauptet – eine Volkstumsgrenze nachzeichnen, sondern eine andersartige Wirtschaftsausrichtung spiegeln. Während südlich auf den guten Böden in der Hauptsache Getreide, insbesondere Weizen und Gerste, später auch Zuckerrüben angebaut wurden, war die Landwirtschaft im nördlichen Gebiet zu einem wesentlichen Teil auf Viehzucht ausgerichtet. Dafür war das niederdeutsche Hallenhaus mit seinem einbezogenen Stallteil die zweckmäßigere Bauform. Während sich in Denstorf, auf Höhe der Bundesstraße 1, noch schöne Beispiele für den mitteldeutschen Haustyp finden lassen, steht im 4 Kilometer nördlich gelegenen Bortfeld ein niederdeutsches Hallenhaus zur Besichtigung bereit (Tour 13; Bauernhaus-Museum).

Das „Dumme Bruch" bei Wierthe

Geschichte Die Frage der Landesherrschaft im Gebiet der Börde schien seit 1152 einigermaßen geregelt, nachdem Herzog Heinrich der Löwe den Grafen von Peine entmachtet hatte und man die Beute untereinander aufteilte. Die westliche Hälfte des großen Gerichtssprengels Bettmar fiel an den Hildesheimer Bischof, der ja zugleich auch Territorialherr war, der östliche Teil kam an die Welfen, wobei ein gemeinsames Landgericht aber beibehalten wurde. Dass man später über die Grenzziehung im Norden, bei Woltorf, immer wieder in Streit geriet, ist eine andere, ziemlich kurios anmutende Geschichte.

In der Börde blieb die Grenze über Jahrhunderte dort, wo sie einst festgelegt war, unterbrochen nur von einem großen Versuch des Wolfenbütteler Herzogs, den Sachverhalt zu seinen Gunsten zu ändern. Bekannt geworden ist dieser Regionalkrieg von 1519–23 unter dem Begriff der „Hildesheimer Stiftsfehde", die Herzog Heinrich der Jüngere von Braunschweig-Wolfenbüttel zwar nicht militärisch, dafür aber politisch für sich entscheiden konnte. Dieser Wechsel lässt sich ganz gut an der Burg Steinbrück (siehe Tour) nachvollziehen, die zunächst vom Hildesheimer Bischof als grenznaher Posten am Fuhseübergang angelegt wurde, dann aber als Kriegsbeute zusammen mit rund zwei Dritteln des Hildesheimer Territoriums an die Welfen fiel. Nach dem Dreißig-

Bettmar, „Rübenburg"

jährigen Krieg hatte sich das Blatt gewendet, die Burg und weite Teile des okkupierten Hochstiftes mussten wieder herausgegeben werden.

Das Bauerntum der Börde galt stets als gut situiert, und insofern lockte die Abschöpfung des Mehrwertes durch den Landesherrn. Spätestens seit dem 18. Jahrhundert konnten jedoch in gewissem Maße von den Bauern Überschüsse erwirtschaftet werden, was zur Erneuerung des dörflichen Baubestandes führte. Die hiesige Landwirtschaft hat keineswegs abseits des technischen Fortschrittes gestanden. Schon die Nähe zu den größeren Städten spricht dagegen. Von diesen aus wurden bereits recht früh eiserne Schienenstränge vorangetrieben, die sich zunächst bei Vechelde berührten (1844 Übergabestation der braunschweigischen und hannoverschen Bahn). Wenig später begann der Anbau der Zuckerrübe, wobei die neu entstehenden Fabriken direkt an der Eisenbahn errichtet oder durch Stichbahnen an dieses Vertriebsnetz angeschlossen wurden. Etwa alle 10 Kilometer traf man schließlich auf eine Zuckerfabrik. Man kann sie gar nicht alle aufzählen, so viele waren es, geblieben sind davon – zwei. Und zwar als gewaltige Produktionsanlagen die Fabriken von Wierthe (auf unserer Tour) und in Clauen vor Hildesheim. Wer sich das Umfeld der Dörfer, besonders in der Nähe von Bahnanlagen, genauer besieht, findet manchmal bauliche Reste älterer Produktionsstätten, wie etwa östlich von Steinbrück an der Eisenbahnlinie. Sichtbare Zeugen des seit dem Ende des 19. Jahrhunderts neu gewonnenen Wohlstandes bieten aber die Dörfer selbst mit den auf den großen Höfen errichteten neuen Wohnhäusern, den sogenannten Rübenburgen. Wir entdecken dabei alle Spielarten städtischer Villenarchitektur von der Neogotik (Bettmar) bis zum schlichten Klassizismus (Liedingen).

Wer weiß, ob der Lengeder Bergbau überhaupt noch weiteren Kreisen bekannt wäre, hätte sich nicht dieses Unglück im Herbst 1963 ereignet. Und die wunderbare Rettung von elf unter Tage eingeschlossenen Bergleuten, die noch 14 Tage nach dem verheerenden Wassereinbruch durch einen eilends gebohrten Schacht ans Tageslicht zurückgeholt werden konnten. Eine mediale Erinnerungsarbeit leistete schließlich auch der Fernseh-Zweiteiler, der pünktlich zur 40. Wiederkehr des Ereignisses ausgestrahlt wurde. Ein Besuch der Erinnerungsstätte, direkt benachbart der nunmehr umgenutzten Schachtanlage Mathilde, vermittelt dennoch ein etwas anderes Bild, denn nicht nur die damals im Berg Verbliebenen sind aufgeführt, sondern auch die Opfer eines zweiten Unglückes wenige Jahre später. Denn es wurde auf Mathilde weitergearbeitet, die hiesige Erzförderung fand erst 1977 ihr Ende.

Burg Steinbrück

Die Anfänge des Lengeder Bergbaus sind schnell berichtet. Bereits in der ersten Hälfte des 19. Jahrhunderts bestanden kleinere Tagebaue, deren Erz in das weit entfernte Seesen zur Verhüttung transportiert wurde – auf der Landstraße. Eine wesentliche Erweiterung erschien erst sinnvoll, als kostengünstigere Transportwege und eine näher gelegene Verhüttung zur Verfügung standen. Eine passende Entwicklung vollzog sich um 1860 im 10 Kilometer nordwestlich gelegenen Groß Ilsede. Dort entstand neben einem weiteren Erzabbau eine Eisenhütte, die bald durch ein Stahlwerk in Peine ergänzt wurde. Eine Eisenbahnlinie führte durch das Fuhsetal nach Norden, eine weitere in südliche Richtung ins Salzgitter-Gebiet, von wo man „saures" Erz holte, das als Zuschlagstoff verwendet werden konnte (siehe auch Tour 11, Salzgitter).

Das Grubengebiet von Lengede erstreckt sich über Broistedt bis nach Barbecke, wo sich ebenfalls eine aufgegebene Schachtanlage befindet. Für den Gesamtabbau zwischen 1875 und 1977 wird eine Menge von rund 60 Mio. Tonnen Erz angegeben, davon knapp ein Viertel aus dem Tagebau.

Übrigens verlief die Landesgrenze zwischen Braunschweig einerseits und Hildesheim bzw. Hannover bzw. Preußen andererseits mitten durch das Abbaufeld. In Traditionssplittern ist dies bis heute gegenwärtig geblieben: zum Beispiel in der Festbeflaggung des einst braunschweigischen Dorfes Broistedt.

Steinbrück: einst Kanonenturm, jetzt Kirche

Nordwestliche Rundfahrt:
Bortfeld, Forst Sophiental, Gut Steinhof

Gesamtstrecke etwa 29 km

13

Diese Tour lässt sich je nach Belieben als kurze nachmittägliche Spazierfahrt oder als Museumsausflug in die Geschichte der Landwirtschaft gestalten. Bereits knapp außerhalb des Braunschweiger Ringgebietes zeigt Alt-Lehndorf noch das Gesicht einer dörflichen Welt, kontrastiert von der Siedlung Lehndorf, die als nationalsozialistisches Musterprojekt vorgezeigt wurde. Entlang der Lammer Niederung geht es Richtung Nordwesten, nach Bortfeld. Hier bietet sich ein Besuch des Bauernhaus-Museums an. Durch Felder, Wiesen und einen größeren Forst gelangt man bis Sophiental. Wir fahren nördlich am Mittellandkanal entlang nach Watenbüttel und können vor dem Rückweg einen Abstecher zum Landtechnik-Museum Gut Steinhof unternehmen.

Die Strecke Startpunkt unserer Tour ist der Rudolfplatz zwischen Neustadt- und Sackring. Diesen nehmen wir, um nach ein paar Metern rechts in den Triftweg einzubiegen, der uns stadtauswärts führt (nach 150 Metern überqueren wir die alte Ringgleis-Trasse, deren Ausbau als Fuß- und Radweg künftig eine ganze Reihe von weiteren Wegeverbindungen eröffnen wird). Vor der Autobahn rechts in den Wedderkopsweg und durch einen kleinen Tunnel nach Alt-Lehndorf. Die „Große Straße" berührt dann einige Reiterhöfe und die Kreuzkirche. Schließlich landen wir an der Hannoverschen Straße (B 1). Gegenüber leitet ein Pfad durch einen Grünstreifen direkt in die Sulzbacher Straße hinein. Sie endet am sogenannten Aufbauhaus an der Saarstraße, wo wir – direkt vor dem hochhausähnlichen Turm – eine Tafel vorfinden, die uns über die Entstehung der nationalsozialistischen Mustersiedlung unterrichtet.

Wir radeln die Saarstraße nach links hinunter und erreichen ein Waldstück, das als „grüne Lunge" für das nordwestliche Stadtgebiet dient. Der östliche Teil wird Ölper Holz genannt (rechts), die westlichen Abschnitte v. Pawelsches und Lammer Holz (links). Die Bundesallee, so heißt die Verlängerung der Saarstraße, führt schräg den Talhang hinauf in Richtung Kanzlerfeld und Forschungsanstalten, wir hingegen bleiben in der Niederung und biegen vor dem Waldrand links ein. Damit haben wir die General-Richtung für die nächsten 2 Kilometer.

Auf der nächsten Fahrtetappe können wir wechselnde Aspekte einer eiszeitlich geprägten Niederungszone beobachten, die sich als etwa 400 Meter breite Eintiefung von Ost nach West durch die Landschaft zieht. Das Lammer Holz, linker Hand, ist aufgrund seines Erlenbruchwaldes als Naturschutzgebiet ausgewiesen. Davor sehen wir eine erste Feuchtwiese. Unser Weg führt nun zwischen zwei Waldstücken kurz nach rechts hinüber, dahinter halten wir uns links und bleiben am Waldrand (diesen linker Hand). Nach einem Wiesenstück sind wir an der Straße Rodedamm angekommen, der wir nach rechts, den Hang hinauf, folgen. Die Landstraße geht jetzt nach links Richtung Bortfeld, wir nehmen aber lieber den Pfad geradeaus, 250 Meter, und biegen erst dann links ein. Nun haben wir geradewegs 2 Kilometer guten Feldweg vor uns. In Bortfeld führt uns der Glinderweg bis zur Hauptstraße, wo wir die Bortfelder Straße in den Ort hinein nehmen. Links zweigt dann der Katzhagen ab, an dem sich das Bauernhaus-Museum befindet. Hier ist die Gelegenheit für eine Pause und vielleicht auch für einen Museums-Besuch (siehe „Geschichte").

Um das nächste Ziel, den Forst Sophiental, zu erreichen, müssen wir Bortfeld über die Lange Straße nach Westen verlassen. Diese läuft hier dem Katzhagen nördlich parallel: Entweder wir nehmen am Bauernhaus-Museum den kleinen Weg den Kirchhügel hinauf und den Pfad über den Kirchhof oder wir rollen die Sache wiederum von der Bortfelder Straße her auf (dort die nächste Kreuzung nach links). Auf der Langen Straße kommen wir bis zur Brücke über den Salzgitter-Stichkanal. Dann geradeaus 2 Kilometer durch die Feldmark und an einem ersten Waldstück vorbei bis zur Brücke über den Auebach. Wir gelangen jetzt in den eigentlichen Forst, der in diesem Teil deutliche Anzeichen eines Feuchtwaldes trägt. Wir bleiben auf dem festen Weg,

Am Mittellandkanal

der gleich rechts einschwenkt und sich bald wieder nach links wendet. Nach 600 Metern ein Hauptweg, jetzt rechts einbiegen und geradewegs nach Norden, Richtung Dorf Sophiental. Es folgt eine schöne Waldpartie, gelegentlich entdecken wir mächtige alte Bäume am Wegesrand.

Noch vor der Ortslage Sophiental ist der Mittellandkanal erreicht, dessen jenseitigen Uferweg wir für die weitere Fahrt nutzen können. Am Ausflugslokal geht es nach rechts die Böschung hinab. Dieses Lokal bildete übrigens über lange Zeit hinweg die Endstation der Ausflugsfahrten von Braunschweig aus und besaß damit eine gewisse Berühmtheit („Mit dem Schiff nach Sophiental"). Wir fahren nun am nördlichen Ufer des Kanals nach Osten. Nach 2,5 Kilometern haben wir die Einmündung des Salzgitter-Stichkanales erreicht, nach weiteren 2 Kilometern die alte Eisenbahnbrücke, die künftig im Regionalverkehr wieder genutzt werden soll.

Dahinter liegen im Norden, einige hundert Meter von unserer Strecke entfernt, die Braunschweiger Mülldeponie und die Rieselfelder. In der Regel werden wir davon nichts bemerken, die Deponie wird abgedeckt und die Geruchsbelästigung hält sich in Grenzen. Selbst ein Umweg über die Rieselfelder, zum Beispiel in einem nördlichen Bogen von Sophiental über Wendeburg, ist nicht so abwegig, wie es auf den ersten Blick erscheinen mag. Auf den Rieselfeldern lässt die Stadt Braunschweig das bereits vorgereinigte Abwasser versickern. Dies hat für die Vegetation durchaus positive Seiten: Es sind Feuchtwiesen, Schlamm- und Wasserflächen entstanden, teils mit größeren Strauch- und Baumgruppen bewachsen, die einer ganzen Reihe von seltenen Vogelarten einen sonst kaum mehr vorhandenen Lebensraum bieten.

Forst Sophiental

Doch zurück zu unserem Weg am Mittellandkanal: Nach weiteren 2 Kilometern zweigt ein kleines Hafenbecken vom Kanal ab, das als Liegeplatz für Sportboote dient. Der Uferweg weicht hier nach links aus und erklimmt den Böschungshang. Geradeaus weiter erreichen wir die Celler Heerstraße (B 214). Wenn wir nun links fahren, gelangen wir nach 500 Metern zum Museum Gut Steinhof (siehe „Geschichte").

Nach rechts geht es über den Kanal hinweg und nach Watenbüttel hinein. Die Heerstraße trägt ihren Namen ganz zu recht, denn sie nimmt die kürzeste Linie Richtung Braunschweig, berührt aber vorher noch das Dörfchen Ölper am heutigen Stadtrand. Diese Verbindung können auch wir benutzen, 3 Kilometer bis zum „Ölper Turm"; im ersten Teilstück jedoch mit erheblicher Verkehrsbegleitung. Als Entschädigung bietet sich dabei der Blick über die nordöstlich gelegene Oker-Aue bis nach Veltenhof hinüber.

Die Alternative besteht in einem Schlenker nach Süden, zum Kanzlerfeld. Dafür nehmen wir in Watenbüttel rechts die Hans-Jürgen-Straße, dann in Fortsetzung die Bundesallee. Rechts die Versuchsfelder der Bundesforschungsanstalt für Landwirtschaft (FAL), linker Hand das Gelände der Physikalisch-Technischen Bundesanstalt (PTB). Dann erreichen wir das Wohngebiet Kanzlerfeld. Direkt vor den ersten Häusern zweigt nach links ein Feldweg ab, der uns ziemlich genau nach Osten führt. Durch die Feldmark oberhalb des Ölper Holzes erreichen wir die A 392, daran ein kurzes Stück nach rechts und in einer kleinen Schleife drüber hinweg. Dieses Sträßchen heißt Bockshornweg und bringt uns direkt zum „Ölper Turm", ehedem ein Wachturm an der Handelsstraße, der zur Beobachtung des Umlandes diente.

Wie wir jetzt weiterfahren, hängt von Lust und Laune ab. Entweder weiter die Celler (Heer-) Straße Richtung Innenstadt, d.h. bis zum Neustadtring. Oder die weitaus ruhigeren Wege entlang der Oker. Variante 1: Am Ortsende von Ölper links den Biberweg bis zur Oker und dann links oder rechts des Flusses zum Neustadtring. Variante 2: Am „Ölper Turm" in die „Dorfstraße", dann links halten und zum Ölper Wehr hinunter. Aber auch hier müssen wir uns entscheiden, ob wir lieber den westlichen oder den östlichen Uferweg nehmen wollen, um zum Neustadtring zurückzugelangen.

Land-Partie

Geschichte Mit zwei landwirtschaftlichen Museen an unserer Strecke wird die Tour zu einem Ausflug in die Welt des Bauerntums, womit aber nicht nur die vorindustrielle Zeit gemeint ist. Auf die erste museale Einrichtung treffen wir in Bortfeld, das auch im heutigen Ortsbild noch eine ganze Reihe von größeren Höfen aufweist.

Die Bortfelder Bauern galten als wohlhabend und besonders traditionsbewusst. Nach Theodor Müller fielen sie noch vor dem ersten Weltkrieg auf den Märkten der Stadt Braunschweig durch ihre Tracht ins Auge, die bei den Männern aus einem langen weißen Kittel, rotem Wams, gelbledernen Kniehosen und blauen Strümpfen bestand. Ein wesentlicher Grund ihres wirtschaftlichen Erfolges lag im Anbau von Feldgemüse, das auf den stärker sandigen Böden rund um den Ort hervorragende Qualitäten erbrachte. Die Bortfelder Rüben werden bereits im 16. Jahrhundert erwähnt (landschaftliche Grundlagen siehe auch Tour 12, Seite 173).

Das **Bauernhaus-Museum** ist in einem niederdeutschen Hallenhaus untergebracht, das eine Datierung von 1726 trägt. Wie sich nach Holzanalysen jüngst herausgestellt hat, ist der Gebäudekern aber fast neun Jahrzehnte älter. Im Inneren ist die traditionelle Gliederung erhalten: Stall und Däle, Feuerstelle und Flett sowie das gesonderte Kammerfach mit den Stuben. Zu sehen ist Haus- und Hofzubehör aller Art, wobei das größere Gerät nebenan im Schuppen zu finden ist.

Es ist allerdings anzumerken, dass hier nicht die Landwirtschaft der Börde vorgestellt wird. Der Haustyp entspricht vielmehr in ganz reiner Ausführung den nördlich gelegenen Heidegebieten, was bereits an der Einbeziehung des Viehstandes in den Großraum des Hauses abzulesen ist. Sehr bedauerlich ist, dass es in der Braunschweiger Region kein entsprechendes Museum für die wirtschaftlich bedeutendere Börde gibt. Mithin ist die Bauform des mitteldeutschen Bauernhauses und seine Weiterentwicklung zu Zweiseit- und Dreiseithöfen in der breiten Öffentlichkeit weitgehend unbekannt – ein kulturgeschichtlicher Gedächtnisverlust, der wahrscheinlich bis in die Beliebigkeit der überall entstehenden Neubaugebiete fortwirkt.

Zum zweiten Museum müssen wir nur knapp 500 Meter von unserer Tour abweichen. Nördlich von Watenbüttel

▶ Bauernhaus-Museum
Bortfeld
Katzhagen 7
38176 Wendeburg-Bortfeld
Tel. (0 53 02) 28 51
Sa, So: 10–13 Uhr,
14.30–17 Uhr
(November bis März
nur Sonntags),
Öffnung auch nach
Anmeldung

Gut Steinhof, Museum

befindet sich das **Landtechnik-Museum Gut Steinhof**. Seit 1984 wird in den Wirtschaftsgebäuden der einstigen Domäne die jüngere Geschichte der Landwirtschaft beleuchtet. Während das Bauernhaus-Museum in stärkerer Weise das häusliche Leben thematisiert, liegt der Schwerpunkt hier auf der technischen Entwicklung im 19. und 20. Jahrhundert. Maschinen und Geräte werden auch im Betriebszustand vorgeführt.

▶ Landtechnik-Museum
Gut Steinhof
Celler Heerstraße 336
38112 Braunschweig
Tel. (05 31) 51 33 70
Sa: 10–17 Uhr und
Sondertermine, für
Gruppen auch nach
Vereinbarung
(Mitte Dezember bis
Ende März geschlossen)

Bortfeld, Bauernhaus-Museum

Anhang

Adressen, Hinweise

Radstation der AWO
am Braunschweiger Hauptbahnhof
Berliner Platz 1
38102 Braunschweig
Tel. (05 31) 7 07 60 25
Mo-Fr: 5.30–22.30 Uhr
Sa: 6.00–21.00 Uhr
So: 8.00–21.00 Uhr
Parkdeck, Pannenservice, Leihfahrräder

Fahrrad Selbsthilfe Werkstatt
Fahrrad- und Verkehrs AG der Techn. Univ.
und des ADFC Braunschweig
Eulenstraße 5
38114 Braunschweig
Tel. (05 31) 57 66 36
Di, Do: 15–19 Uhr
Mi: 17–21 Uhr
Mo (nur für Frauen): 16–19 Uhr
Kostenlose Werkzeugbenutzung und
soviel Hilfestellung, wie gewünscht

Veloblitz Eurokurier GbR
Fahrradkurierdienst
Kramerstraße 10
38122 Braunschweig
Tel. (05 31) 89 00 88

Verkehrsclub Deutschland
VCD Kreisverband Braunschweig e.V.
Ferdinandstraße 7 (Umweltzentrum)
38118 Braunschweig
Tel. (05 31) 4 34 26
Treffen am 1., 3. und 5. Mittwoch im Monat,
Beginn: 19.30 Uhr

Allgemeiner Deutscher Fahrrad-Club
ADFC Kreisverband Braunschweig e.V.
Eulenstraße 5
38114 Braunschweig
Tel. (05 31) 5 29 66
Aktiven-Treffen an jedem Dienstag,
Beginn: 19.30 Uhr

ADFC Kreisverband Wolfenbüttel e.V.
Aktiven-Treffen an jedem Dienstag im
Zentrum für Umwelt und Mobilität (Z/U/M/),
Stadtmarkt 11, Wolfenbüttel, Beginn: 20.00 Uhr

ADFC: Weitere Kontakt-Adressen bitte bei
den angegebenen Kreisverbänden erfragen

Z/ U/ M/
Zentrum für Umwelt und Mobilität e.V.,
Gemeinschaftsprojekt ADFC, VCD, BUND, NABU
Stadtmarkt 11
38300 Wolfenbüttel
Tel. (0 53 31) 20 01

Umweltzentrum Braunschweig e.V.
Zusammenschluss verschiedener Initiativen,
Herausgeber der „Umweltzeitung" (zweimonatlich)
Ferdinandstraße 7
38118 Braunschweig
Tel. (05 31) 12 59 92

braunschweiger forum
Verein zur Förderung bürgernaher
Stadtplanung e.V.
Spitzwegstraße 33
38106 Braunschweig
Tel. (05 31) 89 50 30

Geschäftsstelle Naturpark Elm-Lappwald
c/o Landkreis Wolfenbüttel
Bahnhofstraße 11,
Büro: Harzstraße 6
38300 Wolfenbüttel
Tel. (0 53 31) 84-463 oder 84-260
Informationen rund um den Naturpark.
Karten- und Planungsmaterial für Ausflüge, z.B.
„Radwandern im Naturpark Elm-Lappwald".
Versand gegen Kostenerstattung.

Braunschweiger Verkehrs-AG
Grundsätzlich nimmt die Braunschweiger Verkehrs-AG in jedem Linienbus auch Fahrräder mit, sofern genügend Platz zur Verfügung steht. Im eigenen Interesse wird man sich bei einer solchen Aktion an die Randzeiten des Verkehrsgeschehens halten. Für den Fahrrad-Service ist ein zweiter Fahrschein der Preisstufe 1 erforderlich. Die meisten Nahverkehrsunternehmen der Region haben ähnliche Regelungen getroffen.

Deutsche Bahn
In allen Nahverkehrszügen stehen inzwischen gesonderte Fahrradabteile zur Verfügung. Die Bahnrückfahrt hat sich bei längeren Tagestouren als patentes Verfahren erwiesen, um auch weiter entfernte Ziele anzusteuern. Aber auch hier eine Einschränkungsklausel: Mitnahme nur, wenn genügend Platz zur Verfügung steht. Für Gruppen-Fahrten Anmeldung empfohlen.

RBB – Regionalbus Braunschweig GmbH
Der Fahrradbus der RBB startet von Abfahrtspunkten in Braunschweig und Wolfsburg zu Tagestouren in weiter entfernte Zielgebiete, beispielsweise nach Bremen-Worpswede. Räder werden in den Anhänger verladen, ortskundige Führer und Pannenhelfer begleiten die Touren.
Info-Telefon: (05 31) 8 09 27 61

Jahres-Termine
Die genaue Terminlage ist der Presse oder sonstigen Ankündigungen zu entnehmen.

März:
Erscheinungstermine Radtourenprogramme. Zusammenstellung von Sport- und Freizeittouren unterschiedlicher Art, die für den Saisonverlauf geplant sind.
Zum Beispiel vom ADFC Braunschweig oder vom „braunschweiger forum". Vollständigste Übersicht: www.fahrradprogramm.de

April:
Fahrradflohmarkt beim ADFC Braunschweig. Ohne Standgebühr, vielfältiges Angebot

April / Mai:
Fahrraderlebnismesse in der „Brunsviga". Radreisebörse, Produktschau, Probefahrten, Fahrradcodierung, Podiumsdiskussionen, Aktivmeile und vieles mehr. Veranstalter: Fahrradinitiative Braunschweig

Karten

Regionalkarte 1 : 100.000, Blatt 14 / N: Großraum Braunschweig, LGN Landesvermessung und Geobasisinformation Niedersachsen, 3. Auflage 2001
> Hat sich bei der Tourenplanung bestens bewährt

Radwanderkarte 1 : 75.000, Blatt 24 (Braunschweig, Salzgitter), Blatt 25 (Helmstedt), LGN Landesvermessung und Geobasisinformation Niedersachsen
> Im Vergleich zur angegebenen Regionalkarte in einem recht ungünstigen Blattschnitt, Informationen im Beiheft z. T. veraltet

ADFC-Radtourenkarte 1 : 150.000, Blatt 12 (Harz / Leinetal), Hgg. Allgemeiner Deutscher Fahrrad-Club e.V. und Bielefelder Verlagsanstalt, 5. Auflage 2002
> Eignet sich besonders zur großräumigen Tourenplanung

Radwandern im Oderwald, Karte – Tourenvorschläge – Hinweise, Hg. ADFC Allgemeiner Deutscher Fahrrad-Club, Kreisverband Wolfenbüttel, 3. Auflage 2002
> Kleine Wegekarte für kurze und längere Erkundungen im Oderwald, erhältlich beispielsweise im Z/U/M/ (siehe „Adressen")

KVplan „Elm", Maßstab 1 : 25.000, 2. Auflage, Essen: Kommunal-Verlag Hans Tacken
> In den Signaturen wird die offizielle Ausschilderung der Wanderwege und Fahrradrouten durch den Elm angegeben. Zu beziehen über die Geschäftsstelle Naturpark Elm-Lappwald, die weitere gedruckte Radwandervorschläge bereit hält (siehe „Adressen")

Literatur Es erscheint in diesem Rahmen weder möglich noch sinnvoll, einen vollständigen Nachweis der benutzten Literatur zu führen. Stattdessen sollen einige wichtige Titel genannt werden, die einerseits größere Zusammenhänge vermitteln, andererseits aber auch bei speziellen Themen Zugänge für eine vertiefende Betrachtung eröffnen.

Lydia Bäuerle und Wolfhart Klie (Hgg.), Exkursionsführer Braunschweig. Vom Harz zur Heide, 2. Auflage, Braunschweig 1990

Bergbau in Salzgitter. Die Geschichte des Bergbaus und das Leben der Bergleute von den Anfängen bis in die Gegenwart, Salzgitter 1997 (= Beiträge zur Stadtgeschichte, Hg. Archiv der Stadt Salzgitter, Bd.13)

Urs und Jutta Boeck sowie Jutta Brüdern, Städte Braunschweig, Salzgitter, Wolfsburg, Landkreise Helmstedt, Wolfenbüttel. Ein DKV Bildhandbuch, München Berlin 1988

Gerd Spies (Hg.), Braunschweig. Das Bild der Stadt in 900 Jahren, Band 1: Stadtgeschichte (R. Moderhack), Band 2: Stadtbild, Städtisches Museum Braunschweig 1985

Braunschweig und das Land zwischen Harz und Heide, Hg. Ndss. Landeszentrale f. politische Bildung, Mit Beiträgen von Wolfgang Meibeyer u.a., Hannover 1994

Herzog Anton Ulrich von Braunschweig. Leben und Regieren mit der Kunst, Katalog zur Ausstellung August bis Oktober 1983 im Herzog Anton Ulrich - Museum Braunschweig, Braunschweig 1983

Braunschweiger Stadtlexikon, Herausgegeben im Auftrag der Stadt Braunschweig von L. Camerer, M.R.W. Garzmann und W.-D. Schuegraf unter besonderer Mitarbeit von N.-M. Pingel, Braunschweig 1992

Dehio – Handbuch der deutschen Kunstdenkmäler.
Band: Bremen Niedersachsen, München Berlin 1977

Werner Hillebrand, Goslar. Mit Aufnahmen von Helga Schmidt-Glassner u. Jutta Brüdern, 3., veränd. Auflage, München Berlin 1985

Reinhard Dorn, Mittelalterliche Kirchen in Braunschweig, Hameln 1978

Ingrid Eichstädt (Mitarbeit J. Conrad und K.-W. v. Wintzingerode-Knorr), Die Geschichte des Raumes Gifhorn-Wolfsburg, Heimatkundliche Schriftenreihe der Sparkasse Gifhorn-Wolfsburg Band 12, Gifhorn 1996

Martin Gosebruch und Thomas Gädeke, Königslutter. Die Abtei Kaiser Lothars, Aufnahmen von Jutta Brüdern, Königstein im Taunus 1985

Handbuch der historischen Stätten Deutschlands. Band 2: Niedersachsen und Bremen, 4., verb. Auflage, Stuttgart 1976

Horst-Rüdiger Jarck und Gerhard Schildt (Hgg.), Die braunschweigische Landesgeschichte. Jahrtausendrückblick einer Region, Braunschweig 2000

Wolfgang Kelsch und Wolfgang Lange, Schatzkammer Wolfenbüttel, Wolfenbüttel 1982 (erw. Neuaufl. 1993)

Erhard Kühlhorn (Hg.), Historisch-landeskundliche Exkursionskarte von Niedersachsen (Maßstab 1 : 50.000), Blatt Wolfsburg. Erläuterungsheft (=Veröff. d. Instituts für Hist. Landesforschung d. Univ. Göttingen, 2, Teil 6), Hildesheim 1977 (Karte ist enthalten)

Ernst-Rüdiger Look, Geologie, Bergbau und Urgeschichte im Braunschweiger Land (Nördl. Harzvorland, Asse, Elm-Lappwald, Peine – Salzgitter, Allertal), Geologisches Jahrbuch, Band A 88, Hannover 1986 (Enthält die Dokumentation zur Geologischen Wanderkarte 1 : 100.000)

Die Landkreise in Niedersachsen, Verlagsort Bremen-Horn, Band 15: Der Landkreis Helmstedt, 1957, Band 22: Der Landkreis Braunschweig, Teil 1–2, 1965, Band 26: Der Landkreis Gifhorn, Teil 1–3, 1972-75

Jürgen Mertens, Die neuere Geschichte der Stadt Braunschweig in Karten, Plänen und Ansichten, Hg. Stadt Braunschweig – Vermessungsamt, 1981 (Kassette mit Textband und 70 Kartenblättern)

Richard Moderhack (Hg.), Braunschweigische Landesgeschichte im Überblick, Braunschweig 3.1979 (= Quellen und Forschungen zur braunschweigischen Geschichte, Band 23)

Theodor Müller, Ostfälische Landeskunde, Braunschweig 1952

Gerhard Oberbeck, Die mittelalterliche Kulturlandschaft des Gebietes um Gifhorn, Schr. d. Wirtschaftswiss. Gesell. z. Stud. Nieders. 66, Bremen-Horn 1957 (Raum östlich Braunschweig: Diss. Urselmarie Oberbeck-Jacobs 1955)

Matthias Riedel, Vorgeschichte und Entstehung der Reichswerke und der Stadt Salzgitter, in: Salzgitter Forum Heft 3 (Hg. Stadt Salzgitter), 1982, S. 3–9

Heinz Röhr, Der Elm. Geschichte einer Landschaft und ihrer Menschen, Braunschweig Schöppenstedt 1962

Topographischer Atlas Niedersachsen und Bremen. Eine Landeskunde in 111 Karten, Erläuterungen von Hans Heinrich Seedorf u.a., Hg. Niedersächsisches Landesverwaltungsamt – Landesvermessung, Neumünster 1977

Nachweise

Fotografien
Andreas Rammelt: Außenumschlag
Volkswagen Wolfsburg: S. 51 unten (1-2)
Iris Möckel: S. 137, 145 oben, 145 unten
Björn Zelter: S. 136, 142, 144, 146, 147 (1-4)
Alle übrigen Fotos aus dem Archiv RBOi_Slawski

Die Touren-Karten zeichnete **Alexandra Geffert**

Stadtpläne S. 19 und 77: Kartengrundlage Stadtkarte 1 : 20 000; herausgegeben vom Vermessungsamt der Stadt Braunschweig, Vervielfältigungserlaubnis erteilt: Braunschweig, 18.06.1996, Az. 62.22-16/96, durch Stadt Braunschweig, Vermessungsamt

Peter Carls und **Falko Kuhnke** ist für die Erprobung von Fahrtstrecken zu danken

braunschweiger forum

Verein zur Förderung
bürgernaher Stadtplanung e.V.

Spitzwegstr. 33
38106 Braunschweig
Telefon/Fax: 0531-895030
Email: vorstand@bs-forum.de

www.bs-forum.de
www.fahrradprogramm.de
www.ringgleis.de

Unsere Ziele:
- Bürger und Politiker über Probleme und Maßnahmen der Braunschweiger Stadtplanung informieren
- Planungsdefizite artikulieren
- zu aktuellen Planungsproblemen Lösungsvorschläge entwickeln und diese gemeinsam mit Bürgern und Politikern diskutieren

Die Arbeitsgruppen:
- AG Radverkehr
    - Herausgabe des Veranstaltungskalenders „Fahrradprogramm"
    - Durchführung von Fahrrad-Infotouren
    - Ausstellung „Radfahren im Stadtverkehr"
    - Mitarbeit in der Fahrradinitiative Braunschweig
- AG Ringgleis / Westl. Ringgebiet / Sinti
    - Erhaltung der westl. Ringgleisstrasse als Fuß– und Radweg
    - Stadtteilbezogene Kleinprojekte
- AG Graffiti
    - Sensibilisierung für Hintergründe der Graffiti-Problematik
    - Schaffung von Alternativangeboten
- AG Stadterneuerung
    - Aktuelles Projekt: Schlossparküberbauung kritisch begleiten
    - Ausstellung „Grüne Fassaden"

Machen auch Sie bei uns mit, Engagement lohnt sich!

UMWELT ZEITUNG

Die andere Sicht der Dinge...

©earthobservatory nasa

Werden auch Sie Abonnent/-in der Umweltzeitung!

lle Infos unter www.umweltzeitung.de
der per mail an abo@umweltzeitung.de
Möchten Sie lieber persönlich mit uns sprechen?
ann rufen Sie uns an: 05 31–12 59 92
i. + Do. 16 – 18 Uhr), Das Abo kostet 9 € für 6 Ausgaben,
mweltzentrum Braunschweig e.V., Ferdinandstr. 7, 38118 BS

UMWELT ZENTRUM BRAUNSCHWEIG e. V.

Was raschelt da im Blätterwald?

Igel Druck
die kleine, kompetente Spezialdruckerei

schnell, vielseitig und flexibel
mit bewährt guter Qualität
Wir drucken neben diesem Buch:
Privat- und Geschäftsdrucksachen
aller Art;
z. B. Plakate, Flyer, Broschüren,
Bücher, Zeitungen, Speisekarten,
Briefpapier, Visitenkarten,
Einladungen und vieles, vieles mehr..

Salzdahlumer Str. 196
38126 Braunschweig
Tel.:05 31/89 02 49
Fax.:05 31/89 79 99
Email: igeldruck@t-online.de

DRUCK

... und Papier

Robert Slawski

Im Zeichen des Löwen

Über die Zeit Heinrichs des Löwen, das Leben und Wirken des großmächtigen Herzogs, seine Spuren und Zeugnisse im Norden von Deutschland.

Historische Reportagen

ZELTER

3. Auflage

Lust auf Kino?

Braunschweig ist eng mit deutscher Filmgeschichte verbunden: Mit Martin Dentler residierte hier ein „Kinomogul", der einen der ersten Filmverleihe in Deutschland betrieb. Zugleich steht die Filmindustrie für ein Stück Lokalgeschichte: Schauburg, Theater am Damm, KdW ... nur drei Namen von Kinos, an die sich ältere Braunschweiger gerne erinnern werden. Über mehr als ein Jahrhundert Kino in Braunschweig spannen die Autoren den Bogen, berichten von den ersten Kinosälen bis zu den geplanten Multiplexen unserer Tage. Lokale Initiativen einschließlich der Entstehung des „filmfestes" finden Platz in diesem spannenden Kapitel Kultur- und Stadtgeschichte.

Stefan Vockrodt
Hans Roland Nuß
Edgar Merkel

Von den „lebenden Photographien" zum Multiplex

126 Seiten, zahlreiche Abbildungen
DM 19,90
ISBN 3-931727-02-5

Rolf Süchting
Merle
oder der richtige Mann

LESEPROBE

Roman
Zelter Verlag

Er hatte sich verspätet. Das hatte ich zwar eingeplant, doch nervt es mich immer, wenn ein Mann zu spät zu einem Rendezvous kommt; selbst wenn es sein letztes ist.

Ich hatte alles bereits mehrmals durchgespielt und tat es ein weiteres mal. Ich prüfte die Einstellung des Gewehres, justierte die Waffe auf dem Stativ. Durch das Zielfernrohr nahm ich den Platz in Augenschein, der sich langsam mit Menschen füllte. Spielerisch verfolgte ich durch das Visier den Weg, den sie nehmen würden. Anschließend trat ich vom Fenster zurück in das Wohnzimmer und steckte mir wieder den Knopf ins Ohr, mit dem ich den wichtigen Dienstvorgängen der Polizei lauschte.

Ich war sauer. Nicht nervös, nur sauer. Die Zeit wurde knapp. Schon mein Zug hatte Verspätung gehabt und so konnte ich mir nicht gleich die neue Fahrkarte kaufen, das müßte ich nachher noch tun. Wenn es so weiterging, müßte ich mir hier in der Gegend noch ein Hotel suchen und übernachten. So hatte ich es eigentlich nicht geplant. Aber unser dicker Kanzler hatte es wieder einmal nicht nötig, pünktlich zu seiner Veranstaltung zu erscheinen.

Sogar im Wahlkampf sitzt er seine Gegner aus. Guter Witz, dachte ich mir. Da wäre er doch glatt der erste, der mich aussitzt.

Die Verspätung meines Zuges hatte mich nicht sehr gestört. Ich kalkuliere immer genug Zeit ein, um rechtzeitig am Ort des Jobs zu sein. Vom Bahnhof fuhr ich nicht direkt in dieses Viertel. Ich nahm ein paar Umwege, benutzte die Straßenbahn und den Bus und ging das letzte Stück durch einen Park zu Fuß. In einer öffentlichen Toilette zog ich mir die Malermontur an. Den Overall stopfte ich etwas mit Papier aus, damit ich nicht mehr ganz so weiblich wirkte, steckte meine Haare hoch und schob sie unter die Mütze. Das Make-Up entfernte ich so gut es ging, nahm die Ohrringe ab und setzte eine verspiegelte Sonnenbrille auf. Bei diesem Wetter wundert das niemand. Und es stört auch niemanden, wenn ein Maler an einem strahlend schönen Spätsommertag seine Mittagspause im Park verbringt.

Am Haus angekommen, ging ich in den Keller, holte meine Sachen aus dem kleinen Kabuff, indem ich sie vor drei Tagen verstaut hatte und klingelte bei ihnen. Sie waren natürlich noch da. Hätte mich auch gewundert, wenn sie schon fortgewesen wären. Also wartete ich. Wartete, bis die beiden Alten sich auf den Weg machten, ihrem Kanzler zuzujubeln.

Meine Güte, hatte die Omi aufgetragen. Sie mußte mindestens zwei Stunden an ihrem Schminktischchen vor dem Spiegel vor sich hin getattert haben, bis sie die Augenlider blau, die richtigen roten Bäckchen zum weißgepuderten Rest gemalt hatte und der Lippenstift paßte. Ihr Gesicht glich einer Trikolore – eine Hommage an die Frankophilie des Dicken? Dann hatte sie Opi seine schwarzrotgüldene Parteikrawatte geknüpft. Der Knoten glich einem Henkersknoten.

Sie in ihrem besten Ausgehkleid, das so um 1960 modern gewesen sein muß, er im kackbraunen Zweireiher mit Pepita-Hut, wirkten wie ein Paar aus einem

Trümmerfilm der fünfziger Jahre. Achtlos tapsten sie an mir vorbei aus dem Haus. Ich folgte ihnen sicherheitshalber ein Stück und inspizierte bei der Gelegenheit gleich noch einmal die Gegend. Alles war sauber.

Dann fuhr ich hoch in den 17. Stock – tolle Aussicht, ich liebe das - ging rasch zur Wohnungstür, roch kurz an den Schlössern und hinein. Immer gut, wenn man einen Universaldietrich hat. Die beiden Alten hatten drei Türschlösser und einen Riegel. Von innen konnten sie auch noch eine Kette vorlegen. Sie nahmen das Geschwätz von der zunehmenden Kriminalisierung der sozial tieferstehenden Schichten offenbar sehr ernst. Ich brauchte 45 Sekunden, um in die Wohnung zu gelangen. Das war eine schlechte Zeit. Ich würde wieder etwas trainieren müssen.

Drinnen legte ich die Plastikfolie aus, schließlich will eine Malerin ja keine Farbkleckse auf der teuren Auslegeware hinterlassen, öffnete das Fenster, von wegen Umgang mit Lösemitteln und so und zog die Gardine zu. Dann zog ich mich soweit aus, daß ich nur noch den Body, die schwarzen Leggings, den schwarzen Sweater und die schwarze wollene Sturmmütze anhatte. Das Köstum legte ich vorsichtig auf eine Kunststoffunterlage, ich hinterlasse ungerne unnötige Faserreste. Ich schraubte das Stativ zusammen, montierte das Gewehr und bereitete meine abschließende Wohnungssanierung vor. In meinem schwarzen Outfit sah ich den Bullen ähnlich, die auf den Dächern in der näheren Umgebung des Platzes Stellung bezogen hatten. Sie trugen noch zusätzlich Stahlhelme und schußsichere Westen. Machen einen unbeweglich, diese Dinger. Außerdem, gegen Hochgeschwindigkeits- oder Dumdum Geschosse sind sie ziemlich wirkungslos.

Die beiden Alten würden mir dankbar sein müssen. Schließlich mußte hier dringend etwas gemacht werden. Der Teppichboden war vor mindestens 20 Jahren verlegt worden. Die Tapeten mochten jüngeren Datums sein, die Waldlandschaft hinter der Ledergarnitur ließ auf IKEA schließen. Einbauküche, rosa gekacheltes Bad mit Dusche und separater Wanne. Das war Komfort! Ansonsten: Stilmöbel aus den Fünfzigern auf der einen, auf der anderen Seite Fernsehtruhe mit neuestem 16:9 Flachbildschirm, Kabelanschluß, Satellitenschüssel und Surroundsound, konnten die das überhaupt noch hören? Ich hätte diesen Superfernseher gerne einmal ausprobiert. Aber in diesen siebziger Jahre Neubauten kann man sich kaum bewegen, ohne daß es das ganze Haus hört. Die beiden hätten nicht zum Platz zu gehen brauchen, um ihren Kanzler zu erleben. Aber als altgedientes Partei-Fußvolk weiß man, was man den Bonzen schuldig ist. Und mir taten sie einen großen Gefallen damit.

Als ich alles soweit installiert hatte, hieß es nur noch warten.

Ich steckte mir wieder den Knopf ins Ohr und lauschte dem Polizeifunk. Interessante Tätigkeit, sollte man Bücher drüber schreiben. Die Bullen sind noch blöder, als man gemeinhin annimmt. Besonders wenn sie glauben, unbemerkt ihre tolle Männlichkeit in den Funk schicken zu können. Immerhin waren sie schon über Häschen- und Mantawitze hinausgekommen. Zwischen ihre ungeheuer wichtigen Lagemeldungen flochten sie Blondinenwitze, Türkenwitze und Machosprüche über

„geile Schnitten" ein. Das arme Mädel in der Zentrale tat mir fast leid. Falls mir mal einer dieser Typen zu nahe kommen sollte, ich ließe ihn seinen eigenen Schwanz lutschen.

Ich brauchte den Funk nicht länger abzuhören, denn da kamen sie, deutlich sichtbar und hörbar schwebten sie knatternd heran.

Die Puma Hubschrauber setzten langsam zum Landeanflug an, fünf, damit potentielle Terroristen nicht wußten, in welchem der Dicke saß. Man hätte den Bullen vielleicht einschärfen sollen, im Funk nicht zu erwähnen, daß unser allerdickster Kanzler im zweiten der Hubschrauber Platz genommen hatte.

Ich ließ sie landen und bereitete mich vor.

Eigentlich war es ein einfacher Job. Mit dem Hochleistungsgewehr. Stahlmantelhohlgeschoß, große Durchschlagskraft, ein Treffer genügt. Ein Schuß und die Sache war erledigt. Nur: Dieser eine Schuß, der mußte sitzen. Für einen zweiten hätte ich nicht genug Zeit.

Das Problem war die Entfernung, denn ich konnte nicht auf Körperkontakt an meinen Klienten heran, wenn ich heil entkommen wollte.

Und ich hatte nicht vor, von den 500 Riesen im Knast zu träumen ...

Unabhängig davon ging ich davon aus, daß mich des Dicken Leibgarde noch an Ort und Stelle erledigen würde.

Also blieb nur das Gewehr, blieb nur ein weit entfernter, mit Sicherheit nicht bewachter Ort und ein Platz, der einem Hochsitz glich. Ich hatte lange gesucht, bis ich dieses Haus gefunden hatte. Als ich vom Dach aus die Lage gecheckt und den Bau für gut befunden hatte, notierte ich mir die Namen, die auf den Klingelschildern der obersten Geschosse standen. Dann startete ich eine Art telefonische Umfrage und gab mich als Mitarbeiterin des Politbarometers aus. Bei den beiden Alten wurde ich fündig. Als ich ihn an der Strippe hatte und nach seiner Meinung über den Kanzler befragte, wurde er richtig redselig. Ich brauchte nicht groß zu fragen, frei heraus sprach er über seine und ihre langjährige Parteimitgliedschaft (48 Jahre!) und erzählte, daß der Dicke der Größte sei, noch größer als der Alte. Als er hinzufügte, er und seine Frau ließen keine Wahlkundgebung ihres Kanzlers in dieser Gegend aus, machte ich einen inneren Luftsprung. Am folgenden Tag wartete ich einen Moment ab, in dem beide außer Haus waren, drang das erste Mal in die Wohnung ein und wußte, daß ich von hier aus handeln würde.

Heute mußte es geschehen. Ich war heilfroh, als ich feststellen konnte, daß hier keine Bullen auf dem Dach stationiert waren. Ich war einfach hochgefahren, niemand, nichts, sie waren so sicher, alles im Griff zu haben, da sie sich selbst innerhalb ihrer Bannmeile aufhielten.

Es war ein einfacher Job. Doch die Prominenz des Klienten verlangte nach einem besonderen Preis. Außerdem wollten Carola und ich uns zur Ruhe setzen, dieser Job sollte uns ein schönes Polster verschaffen. 500 Riesen für einen Job, davon können herkömmliche Cleaner nur träumen. Aber die behandeln auch weniger prominente Klienten ...

Vom Wohnzimmerfenster aus hatte man nicht nur einen großartigen Blick über die Stadt, auf den Fluß und das alte, von Ludwig XIV zerstörte Schloß am anderen Ufer. Man sah auch den Kundgebungsplatz in voller Schönheit, hatte den Weg im Blick, den der Kanzler und sein örtlicher Wahlkreiskandidat, Robert Klühspiess, nehmen würden. Es gab nur eine Unsicherheit. Wann würde das Bad in der Menge stattfinden? Vor oder nach der Rede? Würde er es überhaupt nehmen? Die Tribüne und das Rednerpult waren wie immer mit Panzerglas gesichert. Gewiß, der erste Schuß könnte es durchschlagen, aber ich würde dann zwei Schüsse brauchen, um sicher zu treffen. Genug Zeit, den Klienten in Sicherheit zu bringen.

Denn genau das war das Problem der Entfernung. Ich mußte auf gut 1.500 Meter treffen, gut eineinhalb Sekunden, eher länger, wäre die Kugel unterwegs. Das ist viel Zeit, da kann immer ein Idiot in die Schußlinie geraten.

Ich mußte es halt riskieren. Das Geld wartete im Schließfach, ich hätte den Job erledigt, auch ohne Treffer. Carola hatte eine Andeutung gemacht, daß es nicht unbedingt darauf ankäme, den Klienten endgültig zu erledigen. Wichtig war unserem Kunden die Wirkung des Attentats an sich, meinte sie. Also auf den Klienten schießen, egal, ob er am Leben blieb oder nicht. Carola meinte nur: „Aber er sieht ihn lieber im Fach". Tot war gewünscht. Der Wunsch des Kunden ist mir heilig.

Immerhin war es auch eine Frage der Ehre. Ich hatte nicht vor, wie seinerzeit Henry Maske mit einer Schlappe abzutreten.

Ich bin die Beste. Ich würde es wieder einmal beweisen. Ich schaute durchs Fernglas. Auf dem Platz tat sich etwas. Die Menge geriet in Wallung, Ordner begannen zu schwitzen.

Da kamen sie. Der dicke Kanzler und sein Klühspiess. Es war wirklich ein einfacher Job. Als wollte er sich bei mir für seine Verspätung entschuldigen, nahmen sie erst das Bad in der Menge. Ein Händeschütteln hier, ein Lächeln da, ein paar aufmunternde Worte dort. Er war in Form. Allem weltlichen entrückt, nahm er die Huldigungen seines Wahlvolkes entgegen, suhlte sich behäbig mit seiner ganzen, aufgedunsenen Jovialität in seiner Lieblingsrolle, der des pfälzischen Weltstaatsmannes.

Ich zielte. Ich hatte ihn genau im Visier. Dann erfaßte ich den Klienten. Er wirkte nervös, gehetzt. Als ob er etwas ahnte. Sie kamen genau auf mich zu, besser konnte es nicht laufen. Ich hatte schon lange die Knarre durchgeladen, jetzt legte ich den Finger an den Abzug, atmete tief und ruhig, jede noch so leichte Abweichung wäre katastrophal. Ich fixierte sein Gesicht, die Partie um die Nasenwurzel herum. Ich brauchte heute keine identifizierbare Leiche zu hinterlassen. Ich ging auf Nummer Sicher, das Geschoß würde seinen Kopf zerschmettern und sein Gehirn auf die Umstehenden verteilen. Auch der Kanzler würde sein Fett bekommen.

Ich zog den Abzug zum Druckpunkt. Noch einen Augenblick, eine kleinen Moment. Jetzt. Mit einem leisen Plop gab der Schalldämpfer den Abschiedsgruß frei und knappe zwei Sekunden später war eine hoffnungsvolle politische Karriere beendet.

Chaos, Panik, Durcheinander beherrschten den Platz. Die Leibwächter stürzten sich auf die prominenten VIPs, Handys jaulten, Knarren wurden gezückt, Knüppel geschwungen, man prügelte auf Neugierige oder nur geschockte Umstehende ein, es war perfekt. Ich hätte das Schauspiel gerne genossen, doch meine Zeit war bereits zu knapp. Trotzdem baute ich in aller Ruhe ab. Zerlegte das Gewehr und packte es in den Alukoffer, schob das Stativ zusammen und verstaute es im Leinensack, den ich dann im Keller in die Reisetasche packen würde. Dann nahm ich die Mütze ab, zog die Leggings aus, das graue Kostüm an und wechselte die Turnschuhe gegen farblich perfekt zum Kostüm passende Pumps.

Ich hätte gern mein Make-Up etwas nachgebessert, doch dazu fehlte die Zeit. Außerdem war ich nervös. Ich bin immer nervös, wenn ich einen Job erledigt habe. Das hat nichts mit schlechtem Gewissen oder so zu tun. Bei Männern würde man dazu sagen: Jagdfieber.

Als ich fertig gepackt und mich umgezogen hatte, schüttete ich das im Farbeimer mitgebrachte Gemisch aus. Dann stellte ich die Zeitschaltuhr und steckte den Tauchsieder in die Steckdose, wischte Tür- und Fenstergriffe ab und verließ die Wohnung. Ich ging drei Stockwerke durch das Treppenhaus, ehe ich mir einen Fahrstuhl rief. Der brauchte fast 90 Sekunden, bis er ankam. Nachdem ich den Rest meiner Sachen aus dem Keller geholt hatte und aus dem Haus auf die Straße trat, hallte die Luft vom Sirenengeheul wieder. Es herrschte das erwartete, erhoffte große Chaos. Auf den Kanzler war ein Attentat verübt worden. Auch wenn er überlebt hatte, dies würde sie lange beschäftigen.

Ich nahm die Straßenbahn Richtung Bahnhof. Leider kam sie in dem Chaos nicht ganz ans Ziel. Daher stieg ich in der historischen Innenstadt aus und ging den Rest des Wegs zu Fuß. Die Zeit wurde knapp und knapper. Ich hatte nur noch sieben Minuten bis zur Abfahrt meines Zuges. Sieben Minuten, um das Päckchen aus dem Schließfach zu holen und am Expressschalter ein Ticket zu lösen. Das reichte nie und nimmer.

Da sah ich den Jungen. Er war neun oder zehn Jahre alt und gehörte zu den Kids, die zu Hause nicht besonders gern gesehen werden. Seine übergroßen, schlabberigen Jeans, die Patchwork-Jacke und Baseballmütze unterschieden ihn nicht von den anderen Kids seines Alters. Aber die Sachen waren verschlissen, länger getragen und ungewaschen. Ein Street Kid. Ich ging zu ihm hin und sprach ihn an.

„Willst du dir 20 Mark verdienen?"
„Klar, Mutter, wie denn?"
„Hol mir doch bitte meine Reisetasche aus dem Schließfach Nr. 777. Hier ist der Schlüssel."

„Okay, Alte, zeig mal das Geld!" Ich schob ihm einen halben Zwanziger in die ausgestreckte, schmuddelige Pfote.

„Hey, das ist doch nur ein halber Schein!"

„Richtig, Kleiner, die andere Hälfte kriegst du, wenn wir uns in fünf Minuten hier wieder treffen, kapiert!"

Er schaute mich leicht mißtrauisch an. Er würde, wenn er mir die Tasche mit dem Geld klauen wollte, nicht weit kommen. 500.000 Mark in gebrauchten, gemischten Scheinen wiegen ein paar Kilogramm. Außerdem hatte ich eine große, noch zusätzlich mit Altkleidern gefüllte Tasche verlangt. Ich lächelte und wedelte mit der anderen Hälfte des Scheines vor seiner verschmutzten, ungeputzten Nase. Der Junge besah sich den Schlüssel, musterte die beiden Scheinhälften, nickte und zog ab Richtung Schließfächer. Es war einfach unglaublich leicht. Ich stellt mich im Reisezentrum in die Schlange vor dem Expressschalter und freute mich, daß nur zwei Leute vor mir waren.

Gerade als die Dame vor mir fertig war, passierte es. Ich spürte eine Druckwelle und warf mich instinktiv zu Boden. Etwas war explodiert, die Druckwelle hatte die Glasverkleidung des Reisezentrums zerstört. Durch die Gegend flogen Glassplitter, herum lagen Gepäckteile und Menschen. Draußen in der Halle sah ich inmitten von Rauch und Trümmern irgendwelche Fetzen von Kleidern und vielleicht auch von Leuten. Ich achtete nicht weiter darauf. Eine Weile hörte ich gar nichts, spürte nur den Druck auf meinen Ohren, einen starken, schmerzenden Druck.

Eine Explosion, es schien, als sei der Herd bei den Schließfächern gewesen. Dann dämmerte es mir. Das galt dir, Merle. Statt 500 Riesen hatten sie ein paar Pfund Sprengstoff verpackt, im Schließfach deponiert und den Zünder so eingestellt, daß das Öffnen der Tür die Bombe hochgehen ließ.

Um mich herum schien die Zeit stillzustehen. Wie in Trance stand ich langsam auf, nahm meine Taschen und den Alukoffer, ging durch das Scherben- und Trümmermeer hinaus und strebte dem Ausgang entgegen. Um mich herum waren Rauch, Schreie, Entsetzen. Ich nahm es nicht wirklich wahr, ich wußte nur eines, ich mußte hier raus!

Für einen Moment hatte ich das Gefühl, eine Kamera zu sehen. Ob hier irgendein Hirni filmte? Vom Bahnhof ging ich zurück in die City, stieg in die Straßenbahn nach Mannheim und suchte mir dort ein Hotel.

Einer der Gründe, weshalb ich diese Stadt für den Anschlag gewählt hatte, waren die vielfältigen Fluchtmöglichkeiten gewesen. Es gibt nur wenige Großstädte in Deutschland zwischen denen noch außer der Bahn auch eine Straßenbahn verkehrt. Die Bullen würden Straßen sperren. Straßenbahnen sperren sie nicht. Dazu sind sie zu dumm. Das jemand mit dem sogenannten öffentlichen Nahverkehr flieht, ist ihnen zu abwegig. Darauf kommen die nicht. Die sitzen in ihren Streifenwagen und haben die Windschutzscheibenperspektive. Einen Bahnhof, den würden sie vielleicht noch überwachen, aber eine Straßenbahn? Never, Baby! Darüber hinaus suchten sie Männer, keine Geschäftsfrau.

Ich fuhr also in die schöne alte, ehemalige Residenzstadt Mannheim und quartierte mich in einem guten, in der City gelegenen Hotel der gehobeneren Kategorie ein. Ein Hotel, in dem „Managerinnen" wie ich gerne gesehen werden. Nachdem ich das Formular ausgefüllt und die Schlüssel entgegengenommen hatte, brachte ich mein Gepäck aufs Zimmer. Die Hilfe des Liftboys nahm ich gerne an.

Anschließend ging ich kurz auf die Straße, suchte einen Münzfernsprecher und versuchte, Carola anzurufen. Doch da war nur ihr Anrufbeantworter.

Mir ging es beschissen. Ich fühlte mich mißbraucht, leer, verarscht. Ich hatte einen schwierigen Job perfekt erledigt. Und die glaubten, sie könnten mich mit einer Bombe einfach wegblasen. Die nahmen keine Rücksicht auf Unbeteiligte. Das ging nicht gegen mich allein. Das ging gegen jede Vernunft, jede Ehre.

Man bringt keine Unbeteiligten um, man sprengt keine kleinen Jungens in die Luft, man tötet nicht willkürlich Reisende, egal wie harmlos die sein mögen oder auch nicht. Das ist Terror!

Ich war wie gelähmt. Wenn die mich hatten umbringen wollen, dann war auch Carola in Gefahr. Und wenn Carola in Gefahr und nicht erreichbar war, dann hieß das, daß sie vielleicht schon bei ihr waren. Nicht auszudenken. Oder – Carola steckte mit den Schweinen unter einer Decke. Den Gedanken verwarf ich so schnell, wie er mir gekommen war. Carola war keine Verräterin. Dazu hatten wir viel zuviel zusammen durchgezogen. Ich hängte ein, natürlich sprach ich nicht aufs Band. Ich durfte vorerst niemanden wissen lassen, daß ich lebte. Ich ging zurück ins Hotel auf mein Zimmer und trank ein kleines Mineralwasser aus der Mini-Bar. Dann legte ich mich aufs Bett und war sofort eingeschlafen.

Es ist gut, wenn man auch unter starkem Streß schlafen kann. Denn Schlaf hilft manchmal, Distanz zu gewinnen, Abstand zu bekommen, Klarheit. Als ich aufwachte, war es schon ziemlich spät.

Ich schaltete den Fernseher ein und zappte mich dann durch. Es gab nur ein Thema: „Attentat auf den Kanzler, Bundestagsabgeordneter erschossen, Klühspiess gab sein Leben für den Kanzler" - toll.

„Terroranschlag auf den Bundeskanzler, Bombe explodiert im Hauptbahnhof - Blutiges Comeback der RAF?"

„Nicht nur der örtliche Bundestagskandidat wurde ermordet, nein, die Terroristen zündeten eine Bombe am Hauptbahnhof. Bisher noch keinerlei Bekennerbrief, keinerlei Hinweise auf die Täter."

Da könnt ihr lange warten. Ich schieb doch nicht der RAF meine Jobs zu! Soll ich dem BKA etwa noch Spuren an die Hand liefern? Ich ließ alles an mir vorbeirauschen. Doch dann kam der Hammer: „Amateurvideo gedreht während und nach der Explosion auf dem Bahnhof."

Sie zeigten das Band ...